ANTOLOGÍA

EZRA POUND

ANTOLOGÍA

Traducción de José Coronel Urtecho
y Ernesto Cardenal

Prólogo de E. Cardenal

Epílogo de Lawrence Ferlinghetti

VISOR LIBROS

VOLUMEN XCIII DE LA COLECCIÓN VISOR DE POESÍA

1.ª edición: Febrero de 1983
3.ª edición: Octubre de 2013

Publicado de acuerdo con New Directions Publishing Corporation, New York, agentes de The Trustees of the Ezra Pound Literary Property Trust

Isaac Peral, 18 - 28015 Madrid
ISBN: 978-84-7522-093-2
Depósito Legal: M-29984-2013
Impreso en España - *Printed in Spain*

Il Miglior Fabro

por Ernesto Cardenal

«O frate», disse «questi ch'io ti cerno
col dito», e additò un spirto innanzi
«fu miglior fabbro del parlar materno».

(DANTE, *Purgatorio*, canto xxvi)

Pound nació en una cabaña de Hailey, Idaho, en el Medio Oeste de los Estados Unidos, en 1885. A los quince años hizo su primer viaje a Europa (España, Italia, Francia). Volvió a los Estados Unidos, fue profesor por poco tiempo en Wabash College, Indiana, y lo expulsaron de allí por «inconvencional y europeo». Se volvió a Europa en un barco de carga. Estuvo en Gibraltar; en Venecia publicó su primer libro de poemas, A Lume Spento; *en Londres se quedó doce años.*

Vivía en Londres en un apartamento oscuro en Kensington (dice Eliot), con un cuarto grande donde cocinaba y otro pequeño, triangular, donde recibía a sus amigos y escribía. El primer año en Londres publicó tres libros más de poemas, al año siguiente uno sobre las literaturas romances, The Spirit of Romance. *Tradujo poesía japonesa. Fundó el* Imaginismo *(«Cada palabra debe ser una imagen que se vea») con Richard Aldington y H. D., y en 1914 publicó la primera antología imaginista,* Des Imagistes. *Más tarde fundó el* Vorticismo *con Percy Wyndham Lewis y el escultor Gaudier Brzeska.*

La influencia de Pound se dejó sentir en Yeats, única voz viva entonces en la lengua inglesa, a pesar de la diferencia de edades. Dio a conocer por primera vez a Rabindranath Tagore («será la sensación de este invierno...»). A él se debió la publicación del Retrato del Artista Adolescente *y después la de* Ulises *y del primer poema importante de Eliot,* Prufrock, *y del primer libro de Eliot (cuando ni Eliot ni Joyce eran conocidos). A los artistas jóvenes, especialmente a los americanos, les buscaba editores, subsidios, empleos para que pudieran escribir, los invitaba constantemente a comer y aun les daba su propia ropa, cuenta Eliot. En París a un músico norteamericano aún no muy conocido, Antheil, le consiguió un concierto y después escribió un libro sobre él para atraerle público:* Antheil and the Treatise on Harmony. *Para dar a conocer a Brzeska escribió otro libro. «Los defiende cuando los atacan, los mete en las revistas y los saca de la cárcel. Les presta dinero. Les vende sus cuadros. Les arregla conciertos. Escribe artículos sobre ellos. Los presenta a mujeres ricas. Les busca editores a sus libros. Pasa toda la noche con ellos cuando dicen que se están muriendo y asiste a sus testamentos. Les paga por adelantado el hospital y los disuade del suicidio. Y al fin muy pocos se han abstenido de enterrarle el cuchillo en la primera ocasión» —escribió Hemingway.*

Cuando se fundó Poetry *de Chicago, Pound fue desde Londres el gran animador e impulsador y el corresponsal en Europa de la revista. Ha habido por lo menos cincuenta revistas literarias en lengua inglesa, dice Horace Gregory, que han sido influidas por él.*

En 1915 publicó Cathay, sus *traducciones de una antología japonesa de poesía china, especialmente de los poemas de Ri-ha-ku (Li-Tai-Po en japonés) y fue el introductor de la poesía china en Occidente.*

Más tarde publicó su traducción del Ta Hio *de Confucio. Gran confuciano, Pound ha querido incorporar a Confucio a la cultura occidental, como Aristóteles fue incorporado a la cultura de la Edad Media. Y ha querido incorporar la cultura china en general como lo fue la helénica («un curriculum universita-*

rio inteligente pondría el chino en el lugar en que estuvo antes el griego») y lo ha logrado, al menos en su propia obra. Ha traducido además mucha poesía francesa, dándola a conocer al público de lengua inglesa; tradujo a los provenzales; a Heine; a Guido Cavalcanti, en quien es un experto mayor que los italianos; tradujo obras japonesas del teatro No; hizo una admirable transcripción de Propercio en lengua contemporánea: Homage to Sextus Propertius. Y *Pound además ha sido un experto en economía, defendiendo toda su vida, contra los economistas, su doctrina económica del Crédito Social (en libros como* A. B. C. of Economics; Social Credit: An Impact, *etc., etc.).*

Pound se fue de Londres dejando la poesía inglesa muy diferente de como la había encontrado. Estuvo tres años en París y después se trasladó a vivir definitivamente a Rapallo, Italia. Durante la época de París, Eliot le dio el borrador del Waste Land *(«caótico», según Eliot) para que se lo arreglara. Pound, con un lápiz azul, lo redujo a la mitad, convirtiéndole en el poema magistral que conocemos. Después Pound decía: «Mi cesárea del* Waste Land.» Y *Eliot le dedicó ese poema con la dedicatoria: «A Ezra Pound,* il miglior fabro.»

Por esa época había comenzado ya su obra mayor, The Cantos, su *gran poema épico, verdadera* Commedia *de nuestro tiempo, aún sin terminar. De esta obra hablaba en un poema juvenil cuando decía: «... esa gran épica de cuarenta años / de la que tú sabes, aún sin escribir...»* Los Cantos *han influido en grandes poemas de la lengua inglesa, como* The Waste Land *de Eliot,* The Bridge *de Hart Crane y* Conquistador *de MacLeish.*

Eliot escribió: «En los últimos años he maldecido muchas veces a Mr. Pound, porque nunca estoy seguro de que puedo llamar míos a mis versos; cuando estoy más satisfecho de mí, veo que se me ha pegado algún eco de algún verso de Mr. Pound.»

Y también ha dicho Eliot: «No creo que haya nadie en nuestra generación y en la siguiente cuyos versos (si son buenos) no hayan sido mejorados por el estudio de Pound.» Y James Joyce dijo: «Nada más cierto que le debemos muchísimo todos. Pero yo más que todos, seguramente.» Y Auden: «Hay muy pocos poetas vivos, aun cuando no sean conscientes de haber sido influidos por Pound, que puedan decir: mi obra sería la misma si Pound no hubiera existido.» Y el crítico Untermeyer, que no quiere mucho a Pound por razones políticas, ha dicho: «Sin Pound la poesía norteamericana no sería tan múltiple y multicolor como es.» Cuando aparecieron los primeros treinta Cantos *dijo Allan Tate que uno podría entregarse a su estudio por treinta años, un Canto cada año, y leyendo todos los treinta cada varias semanas para tener presente todo el conjunto. Y otro crítico: «En ellos sentimos que leemos, en potencia si no en acto,* semina motuum, *la poesía de las generaciones por venir.»*

No obstante, hubo una conspiración de silencio contra la obra de Pound, y la sigue habiendo. Lo que Henry Swabey llama el «racket» de Pound. En gran parte por razones políticas y económicas.

En Rapallo, Pound se adhirió al movimiento fascista, su gran crimen. Pero fue porque creyó que en el fascismo se realizaría su sueño económico del Crédito Social: una nueva economía, libre de usura. Pound antes había tratado en vano de convencer al Congreso de los Estados Unidos de su doctrina del Crédito Social, y aun había hecho un viaje especial a Washington para ello. También había tratado de convencer a la República Española, por intermedio de Salvador de Madariaga. Y la adhesión de Pound al fascismo fue únicamente en el campo de la teoría económica; no defendió jamás sus prácticas políticas.

Por el contrario, hay numerosos pasajes en los Cantos, *en favor de la libertad:*

Oh Inglaterra mía
que libertad de palabra sin libertad de radio la palabra es cero
(CANTO LXXIV)

....

Para ser Señor de los cuatro mares de China
un hombre debe dejar a los hombres hacer versos
debe dejar al pueblo representar comedias
y a los historiadores escribir los hechos reales
debe dejar al pobre maldecir los impuestos
(CANTO LIII)

....

Es que el despotismo
o poder absoluto... soberanía ilimitada,
es igual en una mayoría de una asamblea popular,
un consejo aristocrático, una junta oligárquica,
y un solo emperador, igualmente arbitrario, sanguinario,
y en todos sus respectos diabólicos. Dondequiera que ha residido
no ha dejado nunca de destruir todos los récords, memorias,
todas las historias que no le agradan, y de corromper
las que fue suficientemente listo de preservar.
(CANTO XXXIII)

....

Contando cómo Platón fue a Dionisio de Siracusa
porque había observado que los tiranos
eran eficientísimos en todo aquello en que se metían,
pero no pudo inducir a Dionisio
en ninguna mejora.
(CANTO VIII)

Pound decía que estaba defendiendo la Constitución Americana, a la que consideraba violada («la gran traición cobarde al pueblo americano y al sistema americano por la cláusula marrullera, y el Acta Bancaria de febrero 25, 1863»). A los que lo acusaban de defender la causa fascista, respondía en 1934: «Escribo por la humanidad en un mundo carcomido por la usura.»

Cuando empezó la guerra, Pound dirigió fuertes ataques a la política de los Estados Unidos desde la radio de Roma. Cuando más tarde los Estados Unidos también entraron en la guerra, las radiodifusiones de Pound cesaron por unas semanas, pero en enero de 1942 continuaron. «La radio de Roma... ha ofrecido al doctor Ezra Pound el uso del micrófono dos veces por semana, en el entendido de que no se le pedirá decir ni una palabra que vaya contra su conciencia o sea incompatible con sus deberes de ciudadano de los Estados Unidos...» *—dijo el anunciador—. Pero Pound atacó la política de su país en guerra:* «Nunca ganarán la guerra...» «Los han alimentado de mentiras, por veinte años los han alimentado de mentiras...» «Los Estados Unidos tienen varios meses de estar ilegalmente en guerra por los actos que yo considero criminales de un presidente cuyas condiciones mentales no son a mi juicio las que debería tener un hombre con esas responsabilidades y en ese puesto.» «Y Boston fue una vez una ciudad americana, cuando era del tamaño de Rapallo...» *Pero él ha insistido siempre que sus ataques fueron por patriotismo y amor a los Estados Unidos.*

En 1942 el Congreso de los Estados Unidos lo declaró traidor a la Patria. En el 45, cuando las primeras avanzadas norteamericanas llegaban al norte de Italia, Pound fue capturado. Fue interrogado en Génova, Después, según lo cuenta Peter Russell, «fue llevado a pie a Pisa, donde lo encerraron en una 'jau-

la' de alambres de púa sufriendo las inclemencias del tiempo y las violencias físicas que le provocaron la crisis mental que tuvo en los meses siguientes. Después de seis meses de este bárbaro tratamiento, por razones médicas fue trasladado a una tienda de campaña.»

En esta prisión de Pisa escribió The Pisan Cantos *y tradujo el único libro que le permitieron tener: el* Chung Yung *y el* Ta Hsüeh *de Confucio. En noviembre del 45 fue trasladado en avión a Washington e internado en la cárcel del distrito de Columbia para ser juzgado. Antes del juicio fue sometido a un examen médico y un mes más tarde fue declarado enfermo mental e internado en el Hospital St. Elizabeth, de Washington. El informe médico decía:*

> *El acusado, de sesenta años de edad y, en general, en buenas condiciones físicas, fue un estudiante precoz y se especializó en literatura. Ha estado en exilio voluntario por casi cuarenta años, viviendo en Inglaterra y Francia, y durante los últimos veintiún años en Italia, llevando una vida insegura de escritor de poesía y crítica. Su poesía y su crítica literaria han obtenido un reconocimiento considerable, pero en los últimos años su preocupación por teorías monetarias y económicas ha obstruido, al parecer, su producción literaria. Ha sido reconocido desde hace tiempo como excéntrico, descontento y egocéntrico… Insiste en que sus radiodifusiones no fueron traición, sino que todas sus actividades radiales obedecían a la misión impuesta por él mismo de "salvar la Constitución"…*

Pound pasó doce años en el departamento de locos furiosos del St. Elizabeth. Tenía una celda de dos metros cuadrados, herméticamente cerrada. Sólo en los últimos tiempos se le permitió, a ciertas horas de ciertos días, salir a los jardines del manicomio a recibir a su esposa y a un grupo de discípulos. En este encierro tradujo las Analectas de Confucio, la Antología Clásica China de las 350 Odas seleccionadas por Confucio, y la Trachiniae *de Sófocles. Continuó también la serie de sus Cantos llamándolos ahora con el nombre español de* Cantares: Section Rock-Drill, 85-95 de los Cantares, *y* Thrones: 96-109 de los Cantares.

A pesar de que Pound estaba acusado por el Gobierno de los Estados Unidos, la Biblioteca del Congreso le dio, en 1949, el Premio Bollingen (para el mejor libro de poesía del año) por The Pisan Cantos. *Estos Cantos son precisamente los que Pound había escrito en su jaula en Pisa, en los que expresa más abundantemente sus puntos de vista políticos: sobre el fascismo, Mussolini (poor old Benito) y Roosevelt («tiene la idea norteña del dinero»), etc. El premio provocó violentas protestas en muchos sectores. Se acusó a T. S. Eliot de haber presionado sobre el jurado, se pidió una investigación al Congreso, se suprimió finalmente el premio Bollingen (pero el jurado se mantuvo firme en su decisión).*

En abril del 58, Pound fue libertado del St. Elizabeth Hospital y entregado a «la custodia de su esposa», en vista de que su «locura», según opinión médica, era «permanente e incurable» y, por lo tanto, no estaría nunca en condiciones de ser juzgado. «No es persona peligrosa» —declaró el Superintendente del Hospital— «y su salida no amenaza a la seguridad de otras personas».

Inmediatamente que salió, Pound se fue a vivir a Italia. Y dijo a los periodistas que en los Estados Unidos no se podía vivir porque todo el país era un asilo de locos.

Estas traducciones de Pound fueron hechas hace ya muchos años en las riberas del Río San Juan, de Nicaragua, donde vive

Coronel, pero no las habíamos publicado en todo este tiempo por falta de un editor. Perdone Pound los errores y perdónelos el lector. Toda traducción es deficiente, y Pound es particularmente difícil. El mismo Eliot decía que muchas veces no entendía lo que Pound decía en sus Cantos, pero siempre le gustaba la manera como lo decía.

Es cierto que estos Cantos, que para nosotros ahora son tan difíciles, un día serán entendidos hasta por los muchachos de escuela. En cambio, las razones por las que ahora se ha atacado y se ha silenciado a Pound no serán entendidas sino por eruditos. El mismo Pound ha dicho que la gente se preguntará un día: «¿Quiénes son esta señora Roosevelt y este Stalin de los que habla Pound en su poema?».

Y así será, dentro de mil años. Como ahora puede preguntarse en la escuela quiénes son esta Constanza o este Federico Barbarroja de los que habla Dante en su poema.

ERNESTO CARDENAL

Cuernavaca, 1960.

UN PACTO

Haré un pacto contigo, Walt Whitman—
Te he detestado ya bastante.
Vengo a ti como un niño crecido
Que ha tenido un papá testarudo;
Ya tengo edad de hacer amigos.
Fuiste tú el que cortaste la madera,
Ya es tiempo ahora de labrar.
Tenemos la misma savia y la misma raíz—
Haya comercio, pues, entre nosotros.

ULTERIORES INSTRUCCIONES

Vamos, cantos míos, expresemos nuestras más bajas pasiones,
expresemos nuestra envidia por el hombre con empleo
permanente y ninguna preocupación sobre el futuro.

Sois muy ociosos, cantos míos,
temo que vais a acabar mal.

Oh plantáis por las calles.
Haraganeáis en las esquinas y en las paradas de los buses,
no hacéis nada del todo.
Ni siquiera expresáis nuestras nobles cualidades internas;
acabaréis muy mal.

¿Y yo? Me he vuelto medio loco.
Tanto os he hablado que casi os veo ya alrededor mío,
¡insolentes bestezuelas! ¡Sinvergüenzas! ¡Faltas de atavío!

Pero tú, canto, el más nuevo de todos,
aún no tienes edad para haber hecho mucho daño.

Te conseguiré una casaca verde de China
con dragones bordados en ella.
Te conseguiré los calzones de seda escarlata
de la estatua del Niño Jesús en Santa María Novella;
no vaya a ser que digan que no tenemos gusto
o que no hay sangre azul en la familia.

EL REGRESO

Mira, ya vuelven, ah, mira los tanteantes
movimientos, y los lentos pies,
la turbación del paso y la insegura
vacilación.

Mira, ya vuelven; uno, y uno por uno,
con miedo, como entredespiertos;
como si la nieve dudase
y murmurase en el viento,
            y medio se volviese,
estos eran los «Alados de Asombro»,
            inviolables.

¡Dioses de la alada sandalia!
Con ellos los galgos de plata
            husmeando la huella del aire.

¡Ay, ay!
Estos eran los veloces de azuzar;
los del olfato fino,
estos eran los almas de sangre.

Lentos en la traílla,
            pálidos los trailleros.

FRANCESCA

Tú saliste de la noche
Y había flores en tus manos,
Ahora saldrás de entre un barullo de gente,
De entre un tumulto de conversaciones sobre ti.

Yo que te había visto entre las cosas prístinas
Me encolericé cuando decían tu nombre
En sitios ordinarios.
Quisiera que las olas frescas cubrieran mi mente,
Y que el mundo se secara como una hoja seca,
O como semillas de diente-de-león fuese aventado,
Para que pueda encontrarte de nuevo,
Sola.

ORTO

¡Cómo he trabajado!
¡Cómo no he trabajado
para infundirle un alma,
dar a los elementos un nombre, un centro!
Cómo la luz del día es bella y fluida.
Pero sin nombre ni lugar.
¡Cómo no he trabajado por separarle el alma,
por darle nombre y ser!

Tú estás ligada y encerrada
entre los elementos aún no nacidos;
te he amado arroyo y sombra.

Te pido que entres en tu vida.
Te ruego aprender a decir «yo»,
cuando yo te interrogue.
Pues no eres parte, sino todo,
no porción, sino ser.

PICCADILLY

Bellas, trágicas caras—
vosotras que fuísteis lozanas y estáis tan abatidas;
y, oh, las envilecidas, que pudísteis haber sido amadas,
y estáis tan impacientes y borrachas,
¿quién os habrá olvidado?
Oh, caprichosas, frágiles caras, pocas en muchas,
las gruesas, las toscas, las descaradas,
Dios sabe que no puedo compadecerlas, quizá, como
debiera;
pero, oh, vosotras, delicadas, caprichosas caras,
¿quién os habrá olvidado?

A UNA NIÑA

El árbol se ha metido en mis manos,
la savia ha subido a mis brazos,
el árbol ha crecido en mi pecho
hacia abajo.
Las ramas me brotan como brazos.

Árbol eres,
musgo eres,
eres violetas con viento sobre ellas,
una niña —¡tan alta!— tú eres;
y todo esto es locura para el mundo.

EN UNA ESTACIÓN DEL METRO

El aparecimiento de estas caras entre el gentío,
pétalos en mohosa, negra, rama.

Δώρια

Vive en mí como el eterno humor
del frío viento y no
como las cosas transitorias viven,
alegría de las flores
ténme en la fuerte soledad
de los riscos sin sol
y de las aguas grises.
Hablen los dioses dulcemente de nosotros
en venideros días,
las flores umbrosas del Orco
acuérdense de ti.

LA BUHARDILLA

Vamos, compadezcamos a los que están mejor que nosotros,
Vamos, amigo, recordemos
que los ricos tienen camareros y no amigos
Y nosotros tenemos amigos y no camareros.
Vamos, compadezcamos a los casados y a los no casados.

La aurora entra con pasitos menudos
como una dorada Pavlova,
Y yo estoy junto a mi deseo.
Y la vida no tiene nada mejor.
Que esta hora de diáfana frescura,
la hora de despertarnos juntos.

TÉMPORA

¡Io! ¡Io! ¡Tamuz!
La Dríada está en mi patio
Con lastimeros, quejumbrosos gritos.
(Tamuz. ¡Io! ¡Tamuz!)
Oh, no, no está gritando: «Tamuz».
Dice, «¿Pueden publicarse mis poemas esta semana?
El dios Pan no se atreve a preguntarte,
¿Pueden publicarse mis poemas esta semana?»

FIGURA DE DANZA

(Para las Bodas de Caná de Galilea)

Ojinegra,
oh, mujer de mis sueños,
calzada con sandalias de marfil,
no hay como tú ninguna entre las bailarinas,
ni una de pies veloces.

No te he encontrado a ti en las tiendas,
en la quebrada oscuridad,
no te he encontrado en el brocal del pozo,
entre las otras mujeres con cántaros.
Tus brazos son como un tierno vástago bajo la cáscara;
tu cara es como un río con luces.

Blancos como una almendra son tus hombros;
como almendras nuevas sacadas del cuenco.
No te guardan a ti con eunucos;
ni con barras de cobre.

Hay turquesas doradas y plata en el lugar de tu descanso.
Un oscuro mantón con hilos de oro entretejidos en figuras
lo has recogido en torno tuyo,
oh Nathat-Ikanaie, «Árbol-en-el-río».

Como el riachuelo entre los juncos son tus manos sobre mí;
tus dedos son como una corriente escarchada.

Tus doncellas son como guijarros;
su música en torno tuyo.
No hay como tú ninguna entre las bailarinas;
ni una de pies veloces.

EL ALQUIMISTA

Canto para la transmutación de los metales

Saîl de Claustra, Aelis, Azalais,
Mientras os movéis entre los brillantes árboles,
Mientras tienen vuestras voces, bajo los alerces del Paraíso
Un sonido claro,
Saîl de Claustra, Aelis, Azalais,
Raimona, Tibors, Berangèrë,
Debajo del fulgor oscuro del cielo;
Bajo la noche, la de cuello de pavo real,
Tráenos la concha de color de azafrán,
Tráenos el oro rojo del arce,
Tráenos la luz del abedul en otoño
Mirals, Cambelins, Audiarda,
Recuerda este fuego.
Elain, Tireis, Alcmena
En medio del susurro de plata del trigo,
Agradiva, Anhes, Ardenca,
Del lago de color de ciruela, en calma,
De las disueltas tinturas del agua
Tráenos la naturaleza bruñida del fuego;
Briseis, Lianor, Loica,
De la ancha tierra y el olivo,
De los álamos llorando su ámbar,
A la llama brillante de la antorcha de pescar
Recuerda este fuego.

Midonz, con el oro del sol, la hoja del álamo, a la lumbre
del ámbar,
Midonz, hija del sol, dardo del árbol, plata de la hoja,
lumbre del amarillo del ámbar,
Midonz, don del Dios, don de la luz, don del ámbar del
sol,
Dale luz al metal.
Anhes de Rocacoart, Ardenca, Aemelis,
De la potencia de la hierba,
Del blanco, vivo en la semilla,
Del calor de la yema,
Del cobre de la hoja en otoño,
Del bronce del arce, de la savia en la rama;
Lianor, Ioanna, Loica,
Por el temblor de la aleta,
Por la trucha dormida en el verde-gris de las aguas;
Vanna, Mandetta, Viera, Alodetta, Picarda, Manuela
Del fulgor rojo del cobre,
Ysaut, Ydone, leve susurro de hojas,
Viema, Jocelynn, desafío de los espíritus,
Por el espejo del cobre bruñido,
Oh Reina de Ciprés,
Salida del Erebo, el soplo que yace aplanado,
El soplo que se extiende bajo el mundo:
Del Erebo, del aplanado páramo de aire, que yace bajo el
mundo;
Del pardo descolor de la hoja parda
Tráenos el fresco imperceptible.
Elain, Tireis, Alcmena,
¡Sosiega este metal!

Abandonen los manes su terror, abandonen los manes sus cuerpos acuosos con el fuego.
Tomen los cuerpos de blancura de leche del ágata.
Junten los huesos del metal.

Selvaggia, Guiscarda, Mandetta,
                                        Escamas de lluvia de oro en el agua
Azur y plata escamosa de agua,
Alcyon, Phaetona, Alcmena,
Palidez de plata, pálido lustre de Latona,
Por esto, de la malevolencia del rocío
                              Protege este alambique.
Elain, Tireis, Allodetta
                              Sosiega este metal.

LA TUMBA DE AKR ÇAAR

«Yo soy tu alma, Nikoptis. He acechado
Estos cinco milenios, y tus ojos muertos
No se han movido, ni responden nunca a mi deseo,
Y tus ágiles miembros, en los que yo saltaba ardiendo,
No se queman conmigo, ni con nada azafranado.

Mira, la leve hierba brotó para hacerte de almohada,
Y te besa con sus miles de lengüitas de hierba;
Pero no tú a mí.
Me he cansado de leer todo el oro del muro,
Y mi pensamiento ha agotado todos los signos.
Y no hay nada nuevo en todo este lugar.

Yo he sido buena contigo. Mira, he sellado las jarras,
No sea que despiertes y solloces por tu vino.
Y todas tus túnicas las tengo asentadas sobre ti.

¡Oh ingrato! ¡Cómo me olvidaré!
—Aun el río hace tánto tiempo,
¿El río? Tú eras demasiado joven.
Y tres almas vinieron sobre ti—
Y yo vine.
Y corrí dentro de ti, las eché;
He tenido intimidad contigo, conocido tu modo.

¿No he tocado la palma de tus manos y las yemas de tus
dedos?
¿Circulado dentro de ti, y en torno tuyo y de tus talones?
¿Cómo 'te entré'? ¿No era yo acaso tú y Tú?

Y ningún sol viene a darme descanso en este lugar,
Y me destrozo en la dentada sombra,
Y ninguna luz cae sobre mí, y tú no dices
Ni una palabra, día tras día.

¡Oh! Yo me podría salir, a pesar de los signos
Y todo el trabajo en la puerta hábilmente ejecutado,
Afuera sobre los campos de verdura de vidrio...
Pero aquí es quieto:
No me voy.»

N. Y.

¡Mi Ciudad, mi amada, mi blanca! ¡Ah, esbelta,
Escucha! Escúchame, y yo soplaré dentro de ti
        un alma.
¡Delicadamente ante la caña, atiéndeme!

Ahora sí sé yo que estoy loco,
Porque aquí hay un millón de gentes con la furia del tráfico;
Esto no es una doncella.
Ni yo podría tocar una caña si la tuviera.

Mi Ciudad, mi amada,
Eres una doncella sin pechos,
Eres esbelta como una caña de plata.
¡Escúchame, atiéndeme!
Y yo soplaré dentro de ti un alma
y vivirás para siempre.

CÁNTICO DEL SOLE
(De *Instigations)*

El pensamiento de lo que América sería
Si los clásicos tuvieran una vasta circulación
                Turba mi sueño,
El pensamiento de lo que América,
El pensamiento de lo que América,
El pensamiento de lo que América sería
Si los clásicos tuvieran una vasta circulación
                Turba mi sueño.
Nunc dimittis, permite ahora a tu siervo,
Permite ahora a tu siervo
                Partir en paz.
El pensamiento de lo que América,
El pensamiento de lo que América,
El pensamiento de lo que América sería
Si los clásicos tuvieran una vasta circulación...
                ¡Oh bueno!
                Esto turba mi sueño.

PAPIRO

Primavera..........................
Hace mucho ....
Gongula...........................

LA ISLA EN EL LAGO

Oh Dios, oh Venus, oh Mercurio, patrón de los ladrones,
Dame a su tiempo, te suplico, una tiendita de tabaco,
Con las brillantes cajitas
primorosamente apiladas en los estantes
Y el fragante anduyo suelto
y la picadura,
Y el brillante Virginia
suelto en los vasos de vidrio,
Y un par de balanzas no demasiado grasientas,
Y las prostitutas entrando de pasada para una palabra o dos,
Para una broma, y arreglarse el pelo un poquito.

Oh Dios, oh Venus, oh Mercurio, patrón de los ladrones,
Préstame una tiendita de tabaco,
o instálame en alguna profesión
Que no sea esta maldita profesión de escribir,
donde uno necesita su cerebro todo el tiempo.

PLEGARIA POR LA VIDA DE SU DAMA

Tomado de Propercio, *Elegiae,* lib. III, 26

Mantén aquí, Perséfone, tu clemencia,
No traigas aquí, Plutón, mayor dureza.
Tantos millares de bellas han bajado al Averno,
Bien puedes dejar una aquí arriba con nosotros.

Contigo está Iopé, contigo Tiro la de blancura
resplandeciente,
Contigo Europa y la desvergonzada Pasifae,
Y todas las bellezas de Troya y todas las de Acaya,
De los destrozados reinos de Tebas y del anciano Príamo;
Y todas las doncellas de Roma, tantas como ha habido,
Murieron y la voracidad de tu llama las consume.

Mantén aquí, Perséfone, tu clemencia,
No traigas aquí, Plutón, mayor dureza.
Tantos millares de hermosas han bajado al Averno,
Bien puedes dejar una aquí arriba con nosotros.

To Κολὸτ

Aun en sueños te me has negado
y enviado sólo a tus doncellas.

PROVINCIA DESERTA

En Rochecoart
Donde las colinas se separan
                    en tres lados
Y tres valles, llenos de quebrados caminos,
Se bifurcan hacia el norte y el sur,
Hay un sitio de árboles … grises de líquenes.
Yo he caminado allí
                    pensando en viejos días.
En Chalais
                    hay una parra tupida
Antiguos pensionistas y viejas protegidas
Tienen allí el derecho —
                    es caridad.
Me he encaramado sobre viejas vigas
                    asomándome hacia abajo
Sobre el Dronne,
                    sobre una corriente llena de lirios.
Hacia el este está la carretera,
                    Aubeterre está hacia el este,
Con un viejo gárrulo en la fonda.
Conozco los caminos de ese lugar:
Mareuil hacia el noroeste,
                    La Tour,
Hay tres torreones junto a Mareuil,
Y una anciana

feliz de oír a Arnaut,
Feliz de prestar un traje seco.
Yo he caminado
en Perigord,
He visto las llamas de las antorchas, saltando alto,
Pintando el frontis de aquella iglesia;
He oído, en la oscuridad, risas arremolinadas.
Me he volteado a mirar sobre el torrente
y visto la elevada construcción,
Visto los largos minaretes, las blancas agujas.
He andado en Ribeyrac
y en Sarlat,
He subido temblorosas escaleras, he oído hablar de Croy,
He andado en el viejo escenario de En Bertrans,
He visto Narbonne, y Cahors y Chalus,
He visto Excideuil, esmeradamente elaborado.
Y he dicho:
«Aquí tal caminaba.
Aquí Corazón-de-León fue asesinado.
Aquí hubo buen cantar.
Aquí un hombre aligeró su paso.
Aquí uno yació jadeante.»
He mirado al sur desde Hautefort,
pensando en Montaignac, al sur.
Me he acostado en Rocafixada,
al nivel de la puesta de sol,
He visto al cobre descender
tiñendo las montañas,
He visto los campos, pálidos, claros como una esmeralda,
Agudos picos, altos espolones, castillos lejanos.
Me he dicho: «Los antiguos caminos aquí han sido.

Los hombres han ido por tales y cuales valles
Adonde las salas señoriales quedaban más cercanas.»
Yo he visto Foix en su roca, visto Toulouse, y
Arles grandemente cambiada,
He visto la ruinosa «Dorata».
He dicho:
«¡Riquier! Guido.»
He pensado en la segunda Troya,
Un lugarcito de poco precio en Auvergnat:
Dos hombres tirando una moneda, uno quedándose con
un castillo;
El otro echándose al camino a cantar.
Cantaba a una mujer.
La Auvergne se irguió con el canto;
El Delfín lo respaldó.
«¡El castillo a Austors! »
Pieire siguió cantando—
«Un hombre honesto y agradable.»
Ganó a la dama
Se la robó para él, la conservó contra fuerzas armadas:
Así acaba esa historia.
Ese tiempo ha pasado;
Pieire de Maensac ha pasado.
He caminado por estos caminos.
He pensado en ellos vivos.

EL ESTUDIO EN ESTÉTICA

Los niños pequeñitos con calzones remendados,
Asaltados por una sabiduría no habitual,
Dejaron de jugar cuando pasaba ella
Y gritaron en medio de sus guijarros:

¡Guarda! ¡Ahí, guarda! ¡ch' é be'a!'[1]

Pero tres años después
Oí al Dante niño, cuyo apellido yo no sé—
Porque hay, allí en Sirmione, veintiocho Dantes niños y
treinticuatro Cátulos;
Y había habido una gran pesca de sardinas,
Y sus padres
Las estaban empacando en grandes cajas de madera
Para el mercado de Brescia, y él
Daba saltos, abalanzándose sobre los peces brillantes
Y dando qué hacer a los dos;
Y en vano le ordenaban *¡sta fermo!*
Y al no dejarle ellos arreglar
Los peces en las cajas
El sobaba los que estaban ya arreglados,
Murmurando para su propia satisfacción

---

[1] Bella.

Esta frase idéntica:

Ch' è be'a.

Y con esto quedé discretamente avergonzado.

RITRATTO

Y ella dijo:
        «¿Se acuerda usted de Mr. Lowell,
El que era vuestro embajador aquí?»
Y yo dije: «Eso fue antes que yo viniera.»
Y ella dijo:
        «Se me metió en mi cuarto...
(Por aquel tiempo ya había llegado hasta Browning.)
... se metió en mi cuarto...
Y dijo: ¿Es que acaso?
Le pregunto, ¿es que acaso
Me preocupan demasiado las comidas sociales?
Y yo no diría que no.
Shelley vivió en esta casa.»

Era una señora muy vieja,
Nunca la volví a ver.

EN PAGANI, EL 8 DE NOVIEMBRE

Súbitamente descubriendo en los ojos de la
bellísima
Cocotte normande
Los ojos del instruidísimo asistente del Museo
Británico.

EPIGRAMA

Ah, sí, cantos míos, resucitemos
El excelente vocablo *Rusticus*
Para aplicarlo con todo su oprobio
A quienes se aplica.

LESBIA ILLA

Memaón, Memaón, aquella
Que andaba entre nosotros
Con tan graciosa incertidumbre,
Ha contraído matrimonio
Con un casero de la Gran Bretaña.
¡Lugete, Veneres! ¡Lugete, Cupidinésque!

ARIDES

El tímido Arides
Contrajo matrimonio con una fea,
Indiferente y descorazonado pensó hacer eso
Como pudo haber hecho otra cosa cualquiera.
Diciéndose a sí mismo: «Yo para mí no sirvo;
Ella, si me desea, que me tome.»
Marchó a su ruina.

CLARA

De dieciséis ya era una celebridad en potencia
Con cierta repugnancia por las caricias.
Actualmente me escribe desde un convento;
Vive una vida oscura y perturbada,
Y ninguna salida se presenta.
No echa de menos a sus hijos
Ni desea más hijos.
Su ambición es vaga, indefinida,
No quisiera quedarse, ni salir.

LOS TEMPERAMENTOS

Nueve adulterios, 12 liasones, 64 fornicaciones
        y algo así como un rapto,
Pesan en la conciencia de nuestro fino amigo Florialis,
Hombre tan suave y reservado en sus maneras
Que pasa por anémico y asexuado.
Bastides, al contrario, que sólo habla y escribe de cópulas
Ha sido padre de gemelos,
Pero pagando por su hazaña un alto precio:
Ha tenido que ser cuatro veces cornudo.

LA TINA

Como una tina de baño de porcelana
Cuando el agua caliente se le acaba o entibia,
Así el lento enfriamiento de nuestro amor caballeresco
Oh mi muy alabada y no-enteramente-satisfactoria señora.

EL ORDEN SOCIAL

Este funcionario de gobierno
Cuya esposa le lleva no pocos años,
Tiene unos modos tan acariciadores
Cuando le da la mano a las muchachas.

ZAPATILLAS NEGRAS: BELLOTTI

En una mesa cerca de nosotros
Con sus menudas zapatillas quitadas
Los pies con medias blancas
Cuidadosamente aislados del suelo por una servilleta.
Ella conversa:
«¿Connaissez - vous Ostende?»
La parladora señora italiana al otro extremo del restaurante
Le responde con cierta «hauteur»,
Pero yo espero con paciencia
Para ver cómo vuelve a meterse las zapatillas.
Vuelve a metérselas con un quejido.

GATO CASERO

«Me agrada estar entre mujeres bellas.
¿Por qué mentir sobre estas cosas?
Lo digo una vez más:
Me agrada platicar con las mujeres bellas
Aunque no hablemos más que tonteras.

El ronroneo de las antenas invisibles
Es a la vez estimulante y delicioso.»

MEDITATIO

Cuando observo los raros hábitos de los perros
forzosamente llego a la conclusión
de que el hombre resulta superior animal.

Cuando observo los raros hábitos de los hombres
confieso, amigo mío, mi perplejidad.

SALÓN DE TÉ

La meserita del salón de té
no es ya tan linda como era.
Ya se le nota el desgaste de agosto,
no sube ya las escaleras tan aprisa.
        Ella también será de edad madura.
Y el agua de juventud que entre nosotros esparcía
        siempre que nos servía nuestros muffins
no será ya esparcida entre nosotros.
        Ella también será de edad madura.

LA CAPA

¿Guardas tu rosa intacta
hasta que pase la primavera?
¿Es que esperas el beso de la muerte?
¿Crees que en la tumba oscura
hallarás un amante
mejor que yo? No te echarán de menos
las rosas nuevas.
Cúbrete con mi capa y no del polvo
que cubre lo pasado.
Ten más miedo del tiempo
que de mis ojos.

EL ENCUENTRO

Mientras hablaban ellos de la Nueva Moral
Los ojos de ella me exploraban.
Y cuando me levanté para marcharme
Sus dedos eran como la fibra
De una servilleta japonesa de papel.

SOCIEDAD

Menguaba la posición de la familia,
Y por esta razón la tierna Aurelia,
Que había reído dieciocho veranos,
Hoy sufre el contacto paralítico de Phidippus.

LOS TRES POETAS

Cándida tiene un nuevo amante
Y tres poetas están de pésame.
El primero le ha escrito una elegía a «Cloris»,
A «Cloris casta y fría», su «sola Cloris».
El segundo ha compuesto un soneto
sobre la volubilidad de las mujeres
Y el tercero le escribe este epigrama a Cándida.

ALBATRE

Esta señora en su blanca bata de baño que ella llama un
peignoir,
Es, por ahora, la amante de mi amigo,
Y los delicados pies blancos de su perrito blanco
No son más delicados que ella,
Y ni el mismo Gautier habría despreciado sus contrastes en
blanco,
Sentada ella en la gran silla
Entre las dos candelas indolentes.

CAUSA

Yo junto estas palabras para cuatro personas,
Algunos más pueden oírlas,
Oh mundo, lo siento por ti,
Tú no conoces a estas cuatro personas.

TS'AI CHI'H

Los pétalos caen en la fuente,
los anaranjados pétalos de rosa,
Su ocre se pega en la piedra.

SABIDURÍA ANTIGUA, ALGO CÓSMICA

So-Shu soñó,
Y habiendo soñado que era un pájaro, una abeja, y una
    mariposa,
Quedó incierto de por qué debía tratar de sentirse otra cosa,

De ahí su contento.

EPITAFIOS

Fu I

Fu I amaba la alta nube y la colina,
Ay, murió de alcohol.

Li Po

Y Li Po también murió borracho.
Quiso abrazar una luna
En el Río Amarillo.

ALBA

Fresca como los pálidos pétalos húmedos
del lirio del valle
Duerme a mi lado en la alborada.

UNA BALADA DEL CAMINO DE LAS MORAS

El sol se alza en la esquina sureste de las cosas
Para mirar la casa alta de los Shin
Porque tienen una hija llamada Rafú,
        (muchacha linda)
Ella inventó su nombre: «Velo de Gaza»,
Porque da de comer moras a los gusanos de seda.
Ella las coge junto al muro sur de la ciudad.
Con fibras verdes hace la urdimbre de su cesta,
Hace el aro de su cesta de ramas de Katsura,
Y se echa todo su pelo al lado izquierdo.

Sus pendientes son de perlas,
Su fustán es de seda floreada,
Su falda es de la misma seda teñida de púrpura,
Y cuando los hombres que pasan ven a Rafú
                        Ponen en el suelo sus cargas,
Se quedan parados y retuercen sus bigotes.

LA ESPOSA DEL MERCADER DE RÍO: UNA CARTA

Mientras aún tenía mi pelo cortado recto sobre mi frente
Jugaba junto al portal, cogiendo flores.
Tú venías en zancos de bambú, jugando al caballo,
Tú pasabas junto a mi asiento, jugando con ciruelas azules.
Y nos fuimos a vivir a la aldea de Chokan:
Dos pequeñas criaturas, sin antipatía ni desconfianza.

A los catorce me casé contigo Mi Señor.
Nunca me reía, siendo vergonzosa.
Bajando la cabeza, miraba a la pared.
Llamada, mil veces, nunca volteaba a ver.

A los quince dejé de ser huraña,
Y deseaba que mi polvo se confundiera con el tuyo
Para siempre y para siempre y para siempre,
¿Por qué iba a subirme al mirador?

A los dieciséis tú partistes,
Te fuiste a la lejana Ku-to-yen, por el río de veloces
remolinos,
Y ya llevas ausente cinco meses.
Los monos hacen un ruido triste sobre mí.

Tus pies se arrastraban cuando saliste.
Junto a la puerta ahora, el musgo ha crecido, los diferentes
musgos,
¡Demasiado enraizados para quitarlos!
Las hojas caen temprano este otoño, con viento.
Las mariposas emparejadas están ya amarillas por agosto
Sobre la hierba en el jardín del Oeste;
Me hacen daño. Me envejezco.
Si vienes bajando por los desfiladeros del río Kiang,
Házmelo saber, por favor, de antemano,
Y yo voy a salir a encontrarte
Hasta allá a Cho-fu-Sa.

De Rihaku (Li-Tai-Po)

LAMENTO DE LA ESCALERA DE GEMAS

Los enjoyados escalones están ya blancos de rocío,
Es tan tarde que el rocío empapa mis medias de gasa,
Y bajo la cortina de cristal
Y miro la luna en el claro otoño.

De Rihaku

NOTA.— Escalera de gemas, por tanto, un palacio. Lamento, por tanto hay algo de qué quejarse. Medias de gasa, por tanto, una dama de la corte no una sirvienta la que se queja. Claro otoño, por tanto, él no tiene excusas a causa del tiempo. También ella ha llegado temprano, porque el rocío no sólo ha blanqueado los escalones, sino que ha empapado sus medias. El poema es especialmente preciado porque ella no lanza ningún reproche directo.

CARTA DEL EXILADO

A So-Kin de Racuyo, mi viejo amigo y Canciller de Gen
Recuerdo cuando me hiciste un bar particular
En el extremo sur del puente de Ten-Shin.
Con oro reluciente y transparentes gemas pagábamos los
        cantos y las risas
Y pasábamos ebrios un mes tras otro, sin pensar en el rey ni
        los príncipes
Hombres inteligentes venían por el mar y la frontera
        occidental
Y con ellos, contigo sobre todo,
Nos entendíamos perfectamente
Y nada para ellos cruzar el mar o las montañas
Con tal de estar en nuestra compañía,
Y hablábamos de todo, sin ocultarnos nada, y sin pesares
Después fui confinado a Wei del Sur,
                Encerrado en un bosque de laureles,
Y tú hacia el norte de Raku-hoku
Hasta no haber entre nosotros más que añoranzas y
        memorias comunes
Y luego, cuando era ya insufrible continuar separados,
Volvimos a encontrarnos y fuimos a Sen-Go,
Siguiendo las mil vueltas y remolinos de las sinuosas
        aguas,
Hasta un lugar resplandeciente con millares de flores,
Que era el primero de los valles,

Y luego otros mil valles llenos de voces y del rumor del
viento en sus pinares.
Y con sillas de plata y riendas de oro
Salió a encontrarnos el capitán de Kan del Este y su
comitiva.
Y vino allí también el verdadero mandamás de Shi-yo, a
darme a mí la bienvenida
Sonando un órgano de boca incrustado de piedras preciosas
Y en las casas de dos y más pisos de San-Ko nos
obsequiaron más música Sennin,
Con muchos instrumentos, como en un coro de Pichones
de Fénix.
El mandarín de Kan Chu, ebrio, bailaba,
porque sus largas mangas no conseguían estar inmóviles
Con la charanga de aquella música.
Y yo, cubierto de brocados, me le quedé dormido sobre las
piernas,
Con el espíritu tan encumbrado que me hallaba en el
séptimo cielo,
Y antes del fin del día nos dispersamos como estrellas o
lluvia.
Yo me tenía que marchar a So, muy lejos todavía aguas
arriba,
Tú regresaste a tu puente del río.
Y tu padre, que era valiente como un leopardo,
Gobernaba en Hei Shu, y sometió a los bárbaros.
Y un mes de mayo te mandó a traerme,
a pesar de la enorme distancia.
Y con las ruedas rotas y lo demás, fue un viaje duro,
sobre caminos retorcidos como tripas de chivo,
Y yo que caminaba todavía a finales del año

bajo el viento cortante que soplaba del norte,
Y pensaba qué poco te preocupaba el gasto
y tú te preocupabas lo suficiente para pagarlo.
Y ¡qué recibimiento!
Copas de jade rojo, platos bien arreglados en una mesa azul
toda enjoyada
Y yo borracho, y sin pensar en el regreso,
Y tú caminabas conmigo hasta el extremo occidental del
palacio
Hasta el templo dinástico, rodeado de agua, un agua
transparente como jade azul claro,
Con canoas bogando, y el son de las armónicas y tamboriles,
Y las ondas parecidas a las escamas de los dragones,
remedando el verdor de la yerba en el agua,
El placer prolongado en compañía de las cortesanas, yendo
y viniendo sin estorbos,
Con las pelusas de los sauces cayendo como nieve,
Y las chicas pintadas con bermellón, emborrachándose por
fin al caer la tarde
Y el agua, de cien pies de hondo, reflejando sus cejas verdes,
—Unas cejas pintadas de verde son para verse bajo la luna
tierna,
Lindamente pintadas—
Y las muchachas cantando y respondiéndose con cantos las
unas a las otras
Bailando en trajes transparentes,
Y el viento alzando el canto, interrumpiéndolo,
Y zarandeándolo bajo las nubes.
Pero todo esto tiene fin.
No se vuelve a encontrar otra vez.
Me fui a la corte a presentar examen,

Probé la suerte de Layú, ofrecí el canto Choyo,
Sin lograr promoción
y regresé a las montañas del Este
con la cabeza blanca.
Y más tarde, otra vez, nos encontramos en el puente del sur,
Y luego el grupo se deshizo, tú partiste hacia el Norte,
para el palacio San,
Y si tú me preguntas cómo es que siento tu partida:
Tal como caen las flores al terminar la primavera,
Confusamente, en agitado remolino.
¿Para qué sirve hablar? —y hablar no tiene fin,
No tienen fin las cosas del corazón.
Llamo al muchacho,
Lo hago sentarse en los talones aquí a mi lado
A sellar esto,
Y te la envío hasta mil millas de distancia, mientras
quedo pensando.

CANTO III

Yo me sentaba en las gradas de la Dogana
Porque las góndolas costaban mucho, aquel año,
Y no estaban «esas niñas», sólo había una cara,
Y el Buccentoro veinte yardas allá, aullando «Stretti»,
Y los rayos de la iluminación cruzados, aquel año, en el
        Morosini,
Y pavos reales en casa de Koré, o pudo haber habido.
                    Dioses flotan en el aire azur,
Brillantes dioses y toscanos, de vuelta antes que el rocío se
        derramara.
Luz: y la primera luz aun antes de que cayera ningún rocío.
Paniscos, y salidas del roble, dríadas,
Y del manzano, mélidas,
Por todo el bosque, y las hojas están llenas de voces,
Suspirantes, y las nubes se doblan sobre el lago,
Y hay dioses sobre ellas,
Y en el agua, las bañistas de blancura almendra,
El agua plata vidrea los erectos pezones,
                    Como Poggio lo observara.
Venas verdes en el turquesa,
O, las gradas grises llevan hacia arriba bajo los cedros.

Mi Cid cabalgó a Burgos
Hasta la puerta claveteada entre dos torres,
Golpeó con el cabo de su lanza, y la niña salió fuera,

Una niña de nueve años,
Al pequeño pasadizo sobre la puerta, entre las torres,
Leyendo el decreto, voce tinnula:
Que ningún hombre hable, dé de comer, ayude a Ruy Díaz,
Bajo pena de sacarle el corazón, empalarlo en una pica
Y ambos ojos arrancados, y todos sus bienes confiscados,
«Y aquí Myo Cid, están los sellos,
El gran sello y el escrito.»
Y él venía desde Bivar, Myo Cid,
Donde ni un solo halcón se le quedó en las percas,
Y ni un solo vestido en los armarios,
Y dejó su cofre con Raquel y Vidas,
Aquella gran caja de arena, con los empeñadores,
Para sacar el pago de su mesnada;
Abriéndose paso a Valencia.
Ignez da Castro asesinada, y una pared
Aquí desmantelada, aquí dejada en pie.
Triste basura, residuos de pintura caídos de la piedra,
O cascajos de mezcla, Mantegna pintó la pared.
Girones de seda, «Nec Spe Nec Metu».

CANTO XIII

Kung se paseaba
junto al templo dinástico,
y entre el boscaje de cedros,
y después afuera junto al río más bajo,
Y con él Khieu Tchi
Y Tian el de voz baja
Y «somos desconocidos», dijo Kung,
«¿Te vas a dedicar al oficio de auriga?
Entonces serás conocido»,
«¿O tal vez yo debiera dedicarme al oficio de auriga, o a la ballestería?
«¿O a la práctica de hablar en público?»
Y dijo Tseu-lou, «Yo pondría las defensas en orden»,
Y dijo Khieu, «Si yo fuera señor de una provincia
Yo la tendría en más orden que ésta.»
Y dijo Tchi: «Yo preferiría un pequeño templo en las montañas,
Con orden en las observancias,
con un debido cumplimiento del ritual»,
Y dijo Tian, con su mano en las cuerdas de su laúd
Los sonidos bajos continuando
después que su mano soltara las cuerdas,
Y el sonido subió como humo, bajo las hojas,
Y él miró tras el sonido:
«La vieja poza de nadar,

Y los muchachos arrojándose de las tablas,
O sentados en la maleza tocando mandolinas.»
Y Kung sonrió a todos ellos por igual.
Y Thseng-sie quiso saber:
«¿Cuál había respondido correctamente?»
Y dijo Kung, «Todos han respondido correctamente,
Esto es, cada cual en su naturaleza.
Y Kung levantó su caña contra Yuan Jang,
Yuan Jang siendo de más edad,
Porque Yuan Jang estaba sentado junto al camino
pretendiendo
estar recibiendo sabiduría.
Y Kung dijo
«Deja ya, viejo necio,
Levántate y haz algo útil.»
Y Kung dijo
«Respeta las facultades de un niño
Desde el momento en que inhala el aire claro,
Pero un hombre de cincuenta que nada sabe
No es digno de respeto.»
Y «Cuando el príncipe ha reunido en torno suyo
Todos los sabios y artistas, sus riquezas serán
empleadas plenamente.»
Y Kung dijo, y escribió en hojas de bo:
Si un hombre no tiene orden dentro de él
No puede esparcir orden en torno de él;
Y si un hombre no tiene orden dentro de él
Su familia no actuará con el orden debido;
Y si el príncipe no tiene orden dentro de él
No puede poner orden en sus dominios.

Y Kung dio las palabras «orden»
y «diferencia fraternal»
Y no dijo nada de la «vida después de la muerte».
Y dijo
«Cualquiera puede darse a excesos,
Es fácil pegar fuera del blanco,
Es difícil estar firme en el medio.»

Y dijeron: Si un hombre comete un crimen
¿Deberá su padre protegerlo, y ocultarlo?
Y dijo Kung:
Deberá ocultarlo.

Y King le dio su hija a Kong-Tchang
Aunque Kong-Tchang estaba preso.
Y dio su sobrina a Nan-Young
Aunque Nan-Young estaba caído.
Y Kung dijo «Wang gobernó con moderación,
En su tiempo el Estado estuvo bien guardado,
Y aun yo puedo recordar
Un día en que los historiadores dejaban espacios en blanco
en sus escritos,
Quiero decir por cosas que ellos no sabían,
Pero ese tiempo parece que está pasando.
Un día en que los historiadores dejaban espacios en blanco
en sus escritos,
Pero ese tiempo parece que está pasando.»
Y dijo Kung, «Sin carácter no serás
capaz de tocar ese instrumento

O ejecutar la música adecuada a las Odas.
Las flores del albaricoque
                    soplan del este hacia el oeste,
Y yo he tratado de evitar su caída.»

CANTO XVII

Así que las viñas revientan entre mis dedos
Y las abejas pesadas de polen
Se mueven tardas en los retoños:
        chirr-chirr-chir-rik —un ronroneo,
Y los pájaros adormilados en las ramas.
        ¡ZAGREUS! ¡IO ZAGREUS!
Con el primer claror pálido del cielo
Y las ciudades encaramadas en sus cerros,
Y la diosa de las bellas rodillas
Andando allí, con los robledales detrás de ella,
La verde ladera, con galgos blancos
                saltando en torno de la diosa;
Y de allí cuesta abajo a la bocana del riachuelo, hasta el
        anochecer,
Agua lisa frente a mí,
        y los árboles en el agua,
Troncos de mármol en la quietud,
Más allá de los palazzi,
                        en la quietud,
La luz ahora, no la del sol,
                Crisoprasa,
Y el agua verde claro, y azul claro;
Más a los grandes riscos de ámbar.
                                Entre ellos,

Gruta de Nerea
ella como una gran concha curvada,
Y la barca empujada en silencio,
Sin olor a brea,
Ni gritos de pájaro ni ningún ruido de ola moviéndose,
Ni chapoteo de delfín, ni ningún ruido de ola moviéndose,
Dentro de su gruta, Nerea,
ella como una gran concha curvada
En la suavidad de la roca,
risco verde-gris a lo lejos,
Cerca, el pórtico de los riscos de ámbar,
Y la ola
verde claro, y azul claro,
Y la gruta blanca de sal, y púrpura encendida,
fría, pulida como pórfiro,
la roca carcomida de mar.
Ni grito de gaviota, ni ruido de delfín,
Arena como malaquita, y nada de frío allí,
la luz no del sol.

Zagreo, alimentando a sus panteras,
el césped claro como en colinas con luz.
Y bajo los almendros, dioses,
con ellos, *choros nympharum,* Dioses,
Hermes y Atenea,
Como aguja de compás,
Entre ellos, temblando—
A la izquierda el lugar de faunos,
sylva *nimpharum;*
El bosque en la bajura, maleza de pantano,
la cierva, el venadito pinto,

brincaban en las retamas,
como hoja seca entre amarillas.
Y por un corte de los cerros,
el gran callejón de los Memnones.
Más allá, el mar, crestas vistas sobre dunas
Mar nocturno batiendo piedrezuelas,
A la izquierda, el callejón de cipreses.
Una barca vino,
Un hombre solo manejando su vela,
Gobernándola con un remo enganchado en la borda,
diciendo:
« allá en el bosque de mármol,
« los árboles de piedra —sobre el agua—
« las parras de piedra—
« hoja de mármol, sobre hoja,
« plata, acero sobre acero,
« espolones de plata alzándose y cruzándose,
« proa enfilada contra proa,
« piedra, capa sobre capa,
« la luz de rayos áureos de una tarde».
Borso, Carmagnola, los artífices, *i vitrei,*
Hacia allá en un tiempo, de tiempo en tiempo,
Y las aguas más ricas que el cristal,
Oro bronceado, el esplendor sobre la plata,
Tarros de pintura a la luz de la antorcha,
el relumbre de olas bajo las proas,
y los espolones de plata alzándose y cruzándose.
Árboles de piedra, blancos y rosi-blancos en la sombra,
Cipreses allá junto a las torres,
Resbalar de la corriente bajo las quillas en la noche.

«Entre la sombra el oro
recoge la luz a su alrededor...»

Y ahora supino en la cueva, mitad arqueada zarza,
Un ojo hacia el mar, por aquella mirilla,
Luz gris, con Atenea,
Zothar y sus elefantes, el taparrabo de oro,
El sistro, agitado, agitado,
las cohortes de sus bailantes.
Y Aletha, por la concha de la costa,
con sus ojos en el mar,
y en sus manos algas de mar
Rebrillantes de sal con la espuma.
Koré por entre el prado luminoso,
con polvo verde-gris en la grama:
«Por esta hora, hermano de Circe.»
El brazo sobre mi hombro,
Vi el sol por tres días, el sol leonado,
Como león parado en un arenal;
y ese día,
Y por tres días, y ni uno después,
Esplendor, como el esplendor de Hermes,
Y desde allí embarcado
al lugar de piedra,
Blanco pálido, sobre el agua,
agua conocida,
Y el blanco bosque de mármol, rama doblada sobre rama,
La parra tupida de piedra,
Hacia allí Borso, cuando le dispararon la flecha,
Y Carmagnola, entre las dos columnas,
Segismundo, después de aquel naufragio en Dalmacia.
Crepúsculo como el vuelo del saltamontes.

CANTO XXV

EL LIBRO DEL CONSEJO MAYOR
1255 ejecútese:
Que no deben jugar dados en el salón
del consejo, ni en el patio pequeño bajo
pena de 20 danari, ejecútese:
1266 a ningún escudero de Venecia tirar dados
en *ningún* sitio del palacio o
en la loggia del Rialto bajo pena de diez sueldos
o la mitad a los chavalos, y si no quieren pagar
que los zambullan en el agua, ejecútese
In libro pactorum
para las cosas perpetuas
memoria al mismo tiempo para los vivos y el futuro et
quod publice innotescat
en dicha fecha, dicto millessimo
del ilustre señor, Señor Juan Soranzo
por la gracia de dios dogo de Venecia en la Curia
del Palacio de los Dogos,
bajo el pórtico junto a la casa de la morada del
Castaldio y de los heraldos del Señor Dogo.
habiendo bajo el mismo un aledaño o jaulas
o cuarto enmaderado (trabesilis) como una bodega
un León macho y una hembra *simul commorantes*
las cuales bestias al Señor Dogo fueron remitidas pequeñas
por aquel sereno Señor Rey Federico de Sicilia, el

dicho león conoció carnalmente y en la naturaleza a la Leona
susodicha y empreñó del modo que los animales
se cubren uno al otro para conocerse y empreñarse
bajo palabra de varios testigos oculares
La cual leona estuvo preñada como tres meses
(al decir de aquellos que la vieron ser asaltada)
y en el dicho millessimo y mes un domingo
12 del mes de septiembre cerca del amanecer del
día de San Marcos temprano pero la luz ya aparecida
la dicha leona como es la naturaleza de los animales
parió per naturam tres leoncitos cachorros *vivos et pilosos*
vivos y peludos que nacidos empezaron al punto con su vida y
movimiento y a dar vueltas alrededor de su madre por todo el
susodicho cuarto como lo vio el susodicho Señor Dogo y como si
fuera todos los venecianos y otras gentes que estaban
en Venecia aquel día que concurrieron todos a esto como si fuera
un espectáculo milagroso. Y uno de los animales es macho
y los otros dos hembras

Yo Juan Marchesini notario Ducal de los
venecianos vi como testigo la
natividad de estos animales así por
mandato del dicho Dogo escribo esto
y lo archivo.

También una carta de Poncio Pilato fechada el «año 33».

Dos columnas (a. d. 1323) para la iglesia de San Nicolás del
palacio 12 liras gordas.
A los procuradores de San Marcos por la entrada al
palacio, por dorar las imágenes y el león de la puerta
... pagársele...

Ejecútese:
a Donna Sorantia Soranzo que venga para la fiesta
de la Ascensión de noche en una barca cubierta y
baje en la ripa del Palazzo, y cuando por primera vez
vea la Sangre de Cristo, entre inmediatamente al Palacio y
podrá quedarse en el Palacio VIII días visitando al Dogo su
padre no dejando todo ese tiempo el palacio, ni
descendiendo la escalera del palacio y cuando descienda
que regrese de noche la barca de la misma manera
cubierta. Para ser revocado a voluntad del consejo.
aceptado por 5 del consejo.

1335. 3 liras 15 peniques en piedra para hacer un león.
1340. Consejo de los señores nobles, Marco Erizio
Nic. Speranzo, Tomasso Gradonico:
que la sala
sea reconstruida sobre el cuarto de la guardia nocturna
y sobre las columnas que dan al canal donde está la acera...
... por la hediondez de los calabozos. 1344.
1409... puesto que el serenísimo Dogo apenas puede
estar de pie en su cuarto...
vadit pars, escalera de piedra
de dos liras gordas, 1415, para pulcritud del palacio.

254 da parte
de non 23
4 non sincere.
Que quiere decir: construyeron sobre los arcos
y el palacio pende allá en el alba, la niebla,
en aquella penumbra,
o cuando uno viene bogando desde atrás del murazzi
la barca lenta después que salió la luna
y el sonido de la voz bajo la vela.
Ida la niebla.
Y Sulpicia
ahora verde capullo, y el bosque
blanco bajo corteza nueva
«como ve el escultor la forma en el aire
antes de empuñar el mazo,
y como él ve el interior y el a través,
los cuatro lados
no sólo el lado del pintor
Como marfil incorruptible:
«Pone metum Cerinthe»
Yaciendo allí, la larga hierba suave,
y la flauta yaciendo allí junto a sus muslos,
Sulpicia, los faunos, fuertes como bejucos,
en derredor de ella;
El fluido, sobre la hierba

Céfiros, pasando por entre ella,
«deus nec laedit amantes».
Hic mihi dies sanctus;
Y de las canteras, las voces densas,

Sonido denso:
«Sero, sero...
«Nada hemos hecho, nada hemos puesto en orden,
Ni la casa ni el labrado,
Y lo que hemos pensado ya lo habían pensado hace tiempo;
Nuestras opiniones no son opiniones en el error
Sino opiniones tenidas mucho tiempo.
Hemos cogido una canasta de agua.»
Y de los peines de las cañas, venían notas y el coro
moviéndose, los faunos jóvenes: *Pone metum,*
Metum, nec deus laedit.

Y como después de la forma, la sombra,
Formas nobles, faltas de vida, aquella hondonada, aquel valle
las palabras muertas guardando su forma,
y el grito: Civis Romanus.
El claro aire, oscuro, oscuro,
Los muertos conceptos, nunca el sólido, el rito de sangre,
La vanidad de Ferrara;

Más claro que sombras, en la senda del monte
Saltando en la hendidura de la roca: Phaethusa
allí, cuando ella se mezcló con ellos,
Un vino en la garganta de humo leve,
Brillo de fuego bajo el humo de la montaña,

Aun allí por los prados de Phlegethon
Y contra esto la flauta: pone metum.
Desvaneciéndose, porque hicieron de tripas corazón,
Y pensaron entonces, los inmortales,
Forma, formas y renuevo, dioses sostenidos en el aire,

Formas vistas, y luego claridad,
Vacío brillante, sin imagen, Napishtim,
Arrojando sus dioses en el υουζ

«como el escultor ve la forma en el aire...
como vidrio visto bajo el agua,
el Rey Otreus, mi padre...
y vio las olas tomar forma como cristal,
notas como facetas de aire,
y la mente allí, delante, moviéndose,
así que las notas no necesitaban moverse.

... lado de la piazza, el peor lado del cuarto
al que nadie se ha querido enfrentar,
y hacerlo tan barato o más barato...
(firmado) Ticiano, 31 de mayo 1513

Siendo conveniente que se ponga fin al
cuadro de Ticiano, el cuarto marco a la derecha
de la puerta de la sala del consejo mayor, comenzada
por maestro Tyciano da Cadore puesto que el estar así
sin acabar detiene la decoración de dicha sala en
el lado que ve todo mundo. Nosotros
proponemos que por autoridad de este Consejo maestro
Tyciano
antes dicho sea obligado a acabar dicha tela,
y si no lo hace, pierda su derecho al
cobro en la Fondamenta delli Thodeschi
y además devuelva todos los pagos recibidos por razón de
dicha tela 11 Agto. 1522
Ser Leonardus Emo, Sapiens Consilij:

Ser Philippus Capello, Sapiens Terrae Firmae:
En 1513 el último día de mayo se concedió a
Ticiano de Cadore pintor la sucesión de un cobro
en la Fondamenta dei Thodeschi, la primera vacante
En 1516 el 5 de diciembre se declaró que
sin esperar más una vacante ocupara
la q. fue del pintor Zuan Bellin bajo condición
de que pinte el cuadro de la batalla terrestre
en la Sala de nuestro Gran Consejo en el lado de
la piazza sobre el Canal Grande, el cual Ticiano después
de la defunción de Zuan Bellin entró en posesión de
dicha Sensaria y se ha cerca de veinte años beneficiado
con ella como a razón de 100 ducados al año sin incluir
el impuesto de 18 a 20 ducados anualmente dispensados
siendo
justo que si no ha trabajado no debe tener
las dichas ganancias POR TANTO
propóngase que el dicho
Ticiano de Cadore, pintor, sea por autoridad de este
Consejo
obligado y forzado a devolver a nuestro gobierno todos los
dineros que ha tenido de la agencia durante el tiempo que
no ha trabajado en el cuadro en dicha
sala como es razonable
102 sí, 38 no, 37 indecisos
registro del senado
terra 1537, carta 136.

CANTO XXXII

«La revolución, dijo Mr. Adams,
Tuvo lugar en el pensamiento del pueblo.»
... con sesenta cañones, diez toneladas pólvora,
10,000 mosquetes y bayonetas, plomo, frazadas,
uniformes y un coronel, para afirmar su neutralidad...
        el Amphitrite
salió el diez de marzo para su primera destinación...
y un cuarto que ordena la liquidación
y el pago de lo que se queda debiendo a los comerciantes de
        Morea
et des dettes des dites Echelles como se puede
leer *dans les arrêts principaux du Conseil, decembre,*
        'soixante six.
armes et autres ustenciles qui ne peuvent être que pour
le compte du gouvernement... Monsieur Saint-Libia
trés au fait des langues du Pays, connu des Nababs
especialmente Hyder Alí
... pour l'exciter, et á tailler croupiéres a los Anglois...
peu délicat sur les moyens... romper nuestros lazos
con los portugueses... y en cuanto al Amphitrite, M'lorrd
se conforma a la ordenanza de Beaumarchais, su
        cargamento
principalmente municiones...
Testigos algunos de ellos probarán que él (Burr) no

tenía interés en el canal de Ohio…
coram non judice
como es usual cuando hay que sostener *una opinión*
verdadera o falsa,
se extiende en pequeñas objeciones y pasa por alto lo sólido
Oryzia mutica, el arroz de altura o de montaña…
la semilla de la achicoria perenne… famosísimo nabo
de Suecia…

Le ruego me ponga rectus in curia en este asunto
con el Emperador (Alejandro) y le aseguro
que tengo desde mi retiro la más alta veneración… por sus
disposiciones para mejorar al menos en parte la
condición del hombre oprimido…
Si usted regresa a nosotros, que me traiga una pareja
de perros de pastor, de raza… mucho deseo de que la
guerra se evite.
la fundición de tipos para la que el antimonio es esencial,
por tanto
pongo a Mr. Ronaldson en sus manos.
… se evite, si las circunstancias admiten…
para civilizar a los indios, gran mejoramiento del
antiguo ineficaz… que empezó con los ministerios religiosos.
Lo siguiente se ha logrado. Primero, criar ganado
con el cual adquirir un sentido del valor de la propiedad…
aritmética para computar ese valor, en tercer lugar escribir,
para
llevar las cuentas, y entonces empiezan a trabajar;
cercar las fincas, y las mujeres a hilar y tejer…
cuarto leer las Fábulas de Esopo que son su primer deleite

junto con Robinsón Crusóe. Criques, cheroqueses, los
últimos
ahora instituyendo un gobierno.
... y tantos igualmente respetables, juraron lo contrario
todos ellos presentes en el sermón...
... estiman necesario tenerlos sometidos con trabajos duros,
pobreza, ignorancia,
y coger de ellos, como de las abejas, tanto de sus ganancias
que aquel trabajo mal retribuido será necesario para
obtener un sobrante suficiente
escasamente para sostener una vida precaria. Y estas
ganancias
las emplean en mantener sus privilegiadas órdenes en
esplendor y ociosidad
para fascinar los ojos del pueblo... como una orden de seres
superiores... 12 de junio, '23 al juez Johnson...

lo mismo en un burdel, que un establo o una sala de
palacio,
hacen que todo se les incline y suprimen todo aquello
que les obligue a pensar... y así se han convertido en meros
animales.
Caníbales de Europa se están comiendo otra vez unos a
otros...
salido de su caso, para decir lo que sería la ley en un caso
ad hoc,
el Juez Marshall es irregular...
... el animal no tiene pensamiento del todo
si se le priva de ese órgano...
Mr. Adams a Mr. Jefferson...

… lo mismo en un burdel, que en un establo o en una sala
de palacio,
Luis Dieciséis era idiota
El Rey de España era idiota, el Rey de Nápoles idiota
despachaban dos correos por semana para decirse uno
a otro, a mil millas de distancia
lo que habían matado… el Rey de Cerdeña
era, como todo Borbón, idiota, la
Reina portuguesa era Braganza y por tanto imbécil de
nacimiento,
El sucesor de Federico de Prusia, un puro cerdo
de cuerpo y de alma, Gustavo y José de Austria
eran como usted sabe realmente locos, y Jorge 3.° tenía
un chaleco de fuerza,

no quedaba ninguno sino la vieja Catalina, pepenada muy
tarde…

por lo que estamos en la práctica constante de cambiar
el carácter y las inclinaciones de los animales que criamos
para
nuestros fines…

a guisa de león
Los caníbales de Europa se están comiendo otra vez unos a
otros
cuando si posa.

CANTO XLV

Con *Usura*

Con usura ningún hombre tiene una casa de buena piedra
cada bloque pulido bien encajado
para que el dibujo pueda cubrir su cara,
con usura
ningún hombre tiene un paraíso pintado en la pared de su
        iglesia
harpes et lutes
o donde virgen reciba mensaje
y halo se proyecte de la incisión,
con usura
ningún hombre ve a Gonzaga sus herederos y sus concubinas
ninguna pintura es hecha para durar ni para vivir con ella
sino que es hecha para vender y vender pronto
con usura, pecado contra natura,
tu pan es cada vez más de trapos viejos
seco es tu pan como papel,
sin trigo de montaña ni harina fuerte
con usura la línea se hace gruesa
con usura no hay clara demarcación
y ningún hombre puede hallar sitio para su morada.
El tallador de piedra es alejado de su piedra,
el tejedor alejado de su telar
CON USURA

no viene lana al mercado
la oveja no da ganancia con la usura
La usura es una morriña, la usura
mella la aguja en la mano de la doncella
y detiene la habilidad de la hilandera. Pietro Lombardo
no vino por usura
Duccio no vino por usura
ni Pier della Francesca; Zuan Bellin no por usura
ni fue «La Calumnia» pintada.
No vino por usura Angélico; no vino Ambrogio Praedis,
No vino ninguna iglesia de piedra pulida firmada:
Adamo me fecit.
No por usura St. Trophine
No por usura Saint Hilaire,
La usura ensarra el cincel
Ensarra el arte y el artesano
Roe el hilo en la rueca
Ninguna aprende a bordar oro en su bastidor;
El azur tiene un chancro por la usura; el cramoisi está sin
bordar
La esmeralda no encuentra su Henling
La usura asesina al niño en el vientre
Impide el galantear del muchacho
Ha traído parálisis al lecho, yace
entre la novia y el esposo
CONTRA NATURAM
Han traído putas a Eleusis
Cadáveres se han sentado al banquete
invitados por la usura.

CANTO LII

Para el verano el sol se encuentra en Hyades
El Soberano es el Señor del Fuego
este mes son los pájaros.
con tufo amargo y con olor a quemado
Al dios del hogar, los bofes de la víctima
La rana verde levanta el grito
y el blanco latex está en la flor
En rojo carro con joyas encarnadas
para la bienvenida del verano
En este mes ninguna destrucción
ningún árbol se ha de cortar en este tiempo
Las fieras son echadas del campo
en este mes se recogen los simples.
La Emperatriz ofrece capullos de seda al Hijo del Cielo
Luego entra el sol en Gémini
Virgo en medio cielo a la puesta del sol
no ha de cortarse añil
No quemar madera para carbón
todas las puertas de par en par, ningún impuesto
por los kioskos,
Ahora salen las yeguas a los pastos,
amarrad los garañones
Poned en los postes avisos para los saltos
Este es el mes de los días más largos
Vida y muerte son ahora iguales

La guerra es entre la luz y las tinieblas
El hombre sabio se queda en casa
El venado bota los cachos
El saltamonte grita
no dejéis fuego abierto al sur.
Ahora el sol entra en Hydra, es la tercera luna de verano
Antares de Scorpio está en medio cielo a la puesta de sol
Andrómeda es con el alba
El Señor del Fuego es dominante
Con este mes es SIETE
con tufo amargo, con olor a quemado
Ofreced a los dioses del hogar
los bofes de las víctimas
Viento caliente se alza, el grillo mora en la tapia
El gavilán pichón está aprendiendo su trabajo
la hierba seca cría quiebra-platas.
En Ming T'ang EL mora
en el ala occidental de aquella casa
Rojo el carro y los caballos retintos
su bandera encarnada.
El guarda de los peces sale ahora a matar cocodrilos
A coger todas las grandes lagartijas, tortugas, para la adivinación,
carey de mar.
El guardián del lago a cortar juncos
para sacar el grano para los manes,
para sacar el grano para las bestias que sacrificaréis
a los Señores de las Montañas
A los Señores de los grandes ríos
Inspector de tintorerías, inspector de colores y bordados

mirad que el blanco, el negro, el verde estén en orden
que no haya aquí ni un solo color falso
el negro, el amarillo, el verde sean de calidad
Este mes todos los árboles están en plena sabia
La lluvia ha embebido ahora toda la tierra
malezas muertas la enriquecen, como cocidas en caldo.
Rico sabor, el corazón de la víctima
bandera amarilla sobre el carro del Emperador
piedras amarillas en su cinturón.
Sagitarius en media carrera a la puesta de sol
el viento frío empieza. El rocío blanquea.
Ahora es el tiempo de la chicharra,
el gavilán ofrece pájaros a los espíritus.
El Emperador sale en carro de guerra, tiran de él caballos blancos,
bandera blanca, piedras blancas en su cinturón
come perro y el plato es hondo.
Este mes es el reino del Otoño
El cielo es activo en metales, ahora recoge mijo
y acaba los muros para la llena
Orión al alba.
Los caballos ahora con negros copetes.
Come carne de perro. Esto es el mes de los diques.
Frijoles son el tributo. Septiembre es el fin de los truenos
Los animales invernantes se meten en sus cuevas.
Recogidos los impuestos, ahora los gorriones, dicen, se vuelven ostras
El lobo ahora ofrece su sacrificio.
Los hombres cazan con cinco armas,

Cortan madera para carbón.
    Arroz nuevo con tu carne de perro.
El primer mes del invierno es ahora
    el sol en la cola de Scorpio
    al alba en Hydra, el hielo empieza
El faisán se zambulle en el Howai (el agua grande)
    y se convierte en una ostra
El arco-iris está escondido por algún tiempo.
    El Hijo del Cielo se alimenta de cerdo asado y
    mijo,
Gris acero son los corceles.
    Este mes el invierno gobierna.
El sol está en el hombro del arquero
    en la cabeza del cuervo al alba
El hielo se engruesa. La tierra se raja. Y los tigres
    ahora andan en celo.
Cortad los árboles en el solsticio y varas de flechas
    de bambú.
Tercer mes, patos silvestres van al norte,
    la urraca empieza a edificar.
El faisán alza el grito al Espíritu de las Montañas
La temporada de la pesca se abre,
    ríos y lagos profundamente helados
Poned ahora hielo en vuestras hieleras,
    el gran concierto de los vientos
Llama a las cosas por sus nombres. El buen soberano
    por la distribución
El mal rey es conocido por sus impuestos.

CANTO LVII

Y cuando KIEV OUEN subió al trono
su tío procedió a destronarlo, diciendo:
Como Tcheou-kong cuidaba a Tching-ouan su sobrino...
protegerlo de las trampas de sus ministros.
Y cuando el palacio no podía sostenerse por más tiempo
                recordaron una caja que dejó HONG VOU
en la que estaba escrito:
                Salid por la Puerta de Kouémen
En una noche oscura, seguid el acueducto hasta llegar al
                templo de Chin Lo-koan
Y en la urna roja había un hábito de hochang
                y un diploma de hochang
Nueve hombres fueron con KIEV OVEN TI   a.d. 1437
                y en la Puerta de Kouémen, messire
                Ouangchin el taoísta
tocó el suelo con su frente, gritando Ouan Soui
                que vivas 10.000 años
HONG VOU se me apareció en una visión
                diciéndome que fuera a la Puerta de
                Kouémen
y que te lleve embarcado a Chin-lo-koan.
Eran nueve mandarines, eran Yang-long y Ỵé Hihien
los que fueron con KIEN TI, se hicieron monjes,
y él anduvo errante 35 años hasta YNG-TSONG
de escondite en escondite.

YONG LO mantuvo por 20 años una fuerte policía
con un tributo por término medio de cinco medidas
de, digamos, 100 lbs cada una
'OU TI de LEANG, HOEI-TSONG de SUNG
fueron más que todos los otros Emperadores
Laoístas y foéistas, y ambos tuvieron un
mal fin.
A la mierda la pirámide
YAO y SHUN vivieron sin tales
monumentos
TCHEOU KONG y Kunzfutseu no hubieran ciertamente
ordenado una
ni alargará los días de V. MAJESTAD
acortará la vida de Vros. súbditos
morirían, muchos de ellos, con los nuevos impuestos.
Murió HIAO TSONG de 36 años, después de la paz y sus
18 años en el trono a.d. 1505
Y 8 eunucos sanginarios conspiraron con Lieu,
un rayo cayó, naturalmente, en el palacio
Desde HONG VOU hubo ciento cuarenta años
hasta ahora con OU TSONG, un menor,
y habrían otros 140 hasta el MANCHU, nuevo mongol.
Y cuando a Lieou-kin el castrado lo arrestaron
hallaron en sus edificios:
barras de oro 240 mil, cerca de 10 taeles
cada una
15 millones en dinero
5 millones de barras de
plata, cerca de 50 taeles
cada una
2 medidas de piedras
preciosas sin engastar

quebrantando así la confianza del
Emperador
En 1512 vinieron 'hombres solteros', que eran ladrones de
caballos.
Murió OU TSONG el haragán
Y la Emperatriz escogió a CHI-TSONG por sucesor
Ante el cual llegó un enviado de Bengala a.d. 1409
Y Malacca se agregó a nuestro Imperio, a.d. 1415
Y YANG LO ordenó una *'summa'*
o sea que la substancia de los libros se corrigiese.
Y Mahamou envió tributo de caballos
GIN TSONG estuvo diez meses en el trono
Todo se había hecho feudal bajo los tártaros. Y en 1430
hubo paz
Vino YNG-TSONG un niño de ocho años,
eunucos como hongos en el palacio
HONG VOU restauró el orden Imperial
pero vinieron de nuevo los eunucos, taoceros y hochanges
Los armeros trabajaban día y noche
YUKIEN quemó el forraje en los alrededores de Pekín
por los caballos de los tártaros
esto fue en tiempos de KING TI
Fan-kuang usó flechas encendidas
y lanzas de las que se arrojan
Yésien, Péyen, Tiémour llegaron a las puertas de Pekín
Che-heng y Yukien eran los defensores
'ya no se dejaban engañar por sus
promesas'
En el '52 fue la ración de granos del Emperador
por el hambre en Honan, por el hambre
en Shantung

un millón seiscientos mil medidas de granos
Y para la guerra hicieron carromatos de 15 pies
con cajas colgadas debajo para las
provisiones
(vide Valturio)
y con un cañón para abrir brecha, una torrecilla coronada
de lanzas
teníamos mil de esos carromatos
calculando q' cubrirían un campo de cuatro *Lís*
y éstos no fueron nunca utilizados
a.d. 1459
Murió Yukien el restaurador, que tuvo tan vil remuneración
por sus propias manos, en la cárcel.
Ché-heng se entregó a los hechiceros
un hombre pagado de sí.
Entonces fueron publicados los nuevos mapas. Hubo una
rebelión de eunucos
HIEN TSONG el idólatra hizo honores póstumos a
Yukien
decretó que Kugftseu fuera Emperador
para que se le tuviese como a tal en todos
los ritos,
Sacó a los taoceros y hochanges
pero por un eunuco, Hoai-ngan, se pueden perdonar
muchos eunucos
Aunque ellos organizaron un tribunal
y lo tuvieron durante cuatro años
hasta que HIEN TSONG los echó.
otro Señor buscando elixir
buscando la transmutación de los metales
buscando una palabra para transmutar

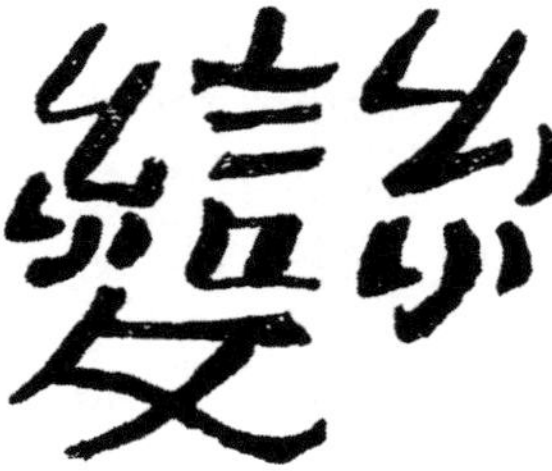

HOAI de SUNG estuvo a punto de ser arruinado por los
taoceros
HIEN de TANG murió buscando elixir
y en el '97 hicieron un código
un oso entró a Pekín inadvertido
aunque el centinela las pagó por dejarlo entrar
y habían 53 millones de gentes en el Imperio
que era hijo (aîné) del hijo segundo del Emperador
HIEN TSONG
él era un escritor de versos,
de hecho él dijo q' quería renunciar
y ella (TCHANG CHI) les dijo que prendieran a
Kiang-ping
y hallaron en su bodega
70 cofres de oro
2 mil 200 cofres de plata
500 cofres de mezclados
400 grandes láminas, oro y plata
para no mencionar seda de primera clase, perlas,
piedras preciosas y joyas
Vino otra vez Mansour el tártaro
y dijeron los tártaros que querían un
mercado de caballos

Marineros nipones obligaron a los chinos al embargo
'ningún comercio que no sea con nuestros
regnicoles'
Y hubo cinco planetas en la constelación de Yng-che
a.d. 1536
CHI-TSONG celebró ritos en las tumbas de los MING
en el Mt. Tien-cheou
Los nipones quemaron las salitreras en Hai men
Oua-chi dirigió tropas contra ellos
que se decían lobos de nuestra Señora
Y los nipones temían solo a esta señora Oua-Chi
Los piratas casi tomaron Fou-kien.

CANTO LXXXIV

Octubre 8:
Si tuit li dolh el plor
Angold Tέθνηχε
tuit lo pro, tuit lo bes
Angold Tέθνηχε
«y no cree que tantea y que cambia todo el tiempo
terco como una mula, sah, terco como una MULA,
tiene la idea norteña del dinero»
Así el Senador Bankhead
«seguro que no sé lo que un hombre como usted
tendrá que *hacer* aquí»
dijo el Senador Borah
Tal los salones, en Washington,
sobre el ejecutivo, y sobre el país, a. d. 1939

Tú, ovexa negra
que es negra e blanca
que es dada a nos para placer del ojo
y luego Richardson, Roy Richardson,
dice que es diferente
¿mencionaré su nombre?

y Demattia va para fuera.
White, Fazzio, Bedell, *benedicti*
Sarnone, dos Washington negros) J y m

Bassier, Starcher, H. Crowder y
que no es soldado aunque su nombre es Slaughter

Este día de octubre el no sé cuánto   Mr. Coxie
de 91 ha mencionado bonus y sus
intereses
al parecer como base de emisión
y Mr. Sinc Lewis no
y Bartok nos ha dejado
y Mr. Beard en su admirable condensación
(Mr. Chas. Beard) dedica sólo una línea al circulante
como en la página 426 «The Republic»
Seremos a lo más tan populares como Mr. John Adams
y menos ampliamente consultados
y aquel leopardo macho boca arriba jugueteando con paja
en completo aburrimiento
(Recuerdos del zoológico de Roma)
en completo aburrimiento
Incienso a Apolo
Carrara
nieve sobre el mármol
blanco-nieve
contra blanco-piedra
en la montaña
y en cuanto a quién pasó las gargantas entre puros riscos
como si fuera por, ¿sería la Garonne?
donde uno entra a Spagna
que Ho-Kien oyó la música de la Antigua Dinastía
como si fuera en la Fuente de la Flor de Albaricoque
donde hay lisos gramales con el arroyo claro
en medio, plata, dividiendo.

y en Ho Ci'u destruyó la ciudad
por esconder a una mujer, Κύθηρα Ιδειυά
y como Carson la rata del desierto decía
«cuando salimos teníamos
            el valor de 80 mil dólares»
                        («en experiencia»)
eso era de las minas
      habiendo gastado su capital en equipo
pero sin calcular el tiempo de los dividendos
y mi vieja tía abuela hizo lo mismo
con aquel hotel tan grande
pero vio al menos toda la condenada Europa
      y cabalgó en aquella mula en Tánger
            y en general le sacó el unto a su dinero
como Natalie
                        «tal vez más de lo que podía sacarle»

      Bajo blancas nubes, cielo di Pisa
de toda esta belleza algo debe venir,

Oh luna mi pin-up,
                  cronómetro
Wei, Chi y Pi-Kan
Yin tenía estos tres llenos de humanitas (hombría)
                        o Jin
Xaire Alessandro
                        Xaire Fernando, e il Capo,
Pierre, Vidkun,
                  Henriot
y en cuanto a gradaciones
quién salió de la industria para entrar al Gobierno
      cuando el desastre estaba en el horizonte

como contra quién, premeditado, SALIÓ de Imperial
        Chemicals
en 1938
para no ser nutrido en el baño de sangre?
quand vos venetz al som de l'scalina
                                        ἦθος gradaciones
Estas son distinciones en claridad

ming 明 estas son distinciones

John Adams, los Hermanos Adam
                        he ahí nuestra norma de espíritu

nuestro 中

        adonde podemos rendir
                                        homenaje
      Dice Miqueas:
                              cada uno en nombre de…
Así que mirando el borboteante cubo de nicotina y
        whiskey rancio
                        (al salir)
el Kamarada Koba hizo notar:
                        yo le creeré al americano.
                                                Berlín 1945
la última aparición de Winston P. M. en esa conexión
        e poi io dissi alla sorella
della pastorella dei suini:
e questi americani?

si conducono bene?
ed ella: poco
poco, poco.
ed io: peggio dei tedeschi?
ed ella: uguale, a través del alambre de púa
nada puedes, dijo Stef (Lincoln
Steffens)
hacer con los revolucionarios
hasta que estén al cabo del mecate
y que Vandenberg haya leído a Stalin, o Stalin a John
Adams
está, por lo menos, sin probar.

Y si el canoso frío estrangula tu tienda
Darás las gracias cuando pase la noche.

CANTO CXIII

En seguida una nube en forma de perdiz sobre la tempestad
de polvo.
Los infiernos se mueven en ciclos,
Ningún hombre puede ver su fin.
Los dioses no han regresado. «Nunca nos han dejado»
No han regresado.
Procesión de la nube y el aire avanza con sus caminantes.
Orgullo, envidia y posesividad
3 penas del infierno
y un claro viento sobre los garofani
sobre Portofino 3 luces en triangulación
O manzanas de las Hespérides caen en su regazo,
de árboles fantasmas.
La vieja condesa recordaba (digamos 1928)
el baile en San Petersburgo
y cómo Stef escapó de Polonia...
Sir Ian les dijo que el auxilio
llegaría del mar
(del negro, del Mar Negro)
Petain les advirtió.
Y el camino bajo las ramas de los manzanos
casi todo cubierto de césped
Y los olivos en dirección del viento
Kalenda Maja.
Li Siao, Li Siao, por dolor

pero hay algo inteligente en los canales, puentes
y paredes
de piedra cereza
anaranjada bajo el sol
—Pero enganchar la sensibilidad a la eficiencia?
césped versus granito,

Para el poquito de luz y mayor armonía
Dios de todos los hombres, sin excluir a ninguno
y abucheos para Schwndgeld en la Convención
(nuestra Constitucional
17… talicual)
Y nada nuevo salvo su ignorancia
siempre perenne
Perejil usado en el sacrificio
y (llamar a Pablo Pedro) 12 %
no significa uno, cero, cuatro, 104 %
El error del caos. La justificación es por la bondad del
corazón.
y de sus manos la misericordia.
En cuanto a los que exigen más la fe que la justicia.
Y el huésped de Egipto, el constructor de la pirámide,
allá en espera de nacer.
No más la pseudo-gótica casa encaramada
allá sobre aquel puente
(Washington Bridge, N. Y. C.)
sino que todo encajonado por economía.
Que el cuerpo está dentro del alma—
la luminosidad alzándose y plegándose
la oscuridad deshecha,
el fragmento.

Que Yeats observó el símbolo sobre aquel pórtico
(París).
Y el toro por la fuerza que hay en él ——
no dueña de él
sino dominada.
Y saber distinguir entre interés y usura
(Sac, Cairioli, prezzo giusto)
En esta esfera está giustizia.
En el aire de la montaña la hierba congelada esmeralda
y con la mente puesta en esa luz
azafrán, esmeralda
chorreando.
«pero esa clase de ignorancia» dijo el anciano sacerdote a
Yeats
(en el tren) se extiende día a día desde las escuelas»—
para no decir nada de otras variedades
El artículo X por ejemplo —logrado pasar, y 100 años
para volver
a darse cuenta de
(como se llama en aquella Convención).
Y en tu mente belleza,
Oh Artemisa.
Por lo que hace al pecado —lo inventaron— eh?
para implementar su dominio
eh? más que otra cosa.
Queda la malacrianza
malvagitá
El mar, por encima de los techos, pero de todos modos
mar, y el cabo.
Y en toda mujer, en algún punto del regaño se siente la
ternura,

La luz azul, bajo las estrellas.
Los huertos arruinados, los árboles secándose. Andamiajes
vacíos en Limone.
Y por un poco de magnanimidad en alguna parte
Y distinguir la ganancia del lucro
(scala altRUI)
El ojo de Dios tú eres, no hay que rendir la percepción.

Y en tu mente belleza, Oh Artemisa
Dafne, a pie en vana carrera.
Cuando se quiebra el onix sirio.
De las tinieblas tú, padre Helios, nos sacas,
Pero la mente, como Ixión, inestable, siempre girando.

TOQUES
(Breves fragmentos entresacados de los cantos)

La seca parla profesoral...

(VII)

*

E difficile,
a Firenze difficile viver ricco
senza aver lo stato.

(Es difícil,
en Florencia es difícil ser rico
sin tener el gobierno.)

(XXI)

*

Multiplicación de empleos y sueldos para
tener partidarios.
(John Adams)

(XXXIII)

*

...mantener vigilado el tesoro y el sistema bancario...

(XXXIII)

*

150 millones
al año, solamente en descuentos usurarios.

(XXXIII)

*

... que las consideraciones morales
raras veces parecen pesar gran cosa
en la mente de los políticos
salvo que tengan relación con las pasiones populares...
(XXXIV)

*

...semieducados, como casi todos los hombres prominentes
de este país.
(XXXIV)

*

Una fábrica,
tiene otro aspecto, que es el llamado aspecto financiero da a los
trabajadores el poder de comprar (salarios, dividendos
que significan poder de comprar) pero es también la causa de
los precios
o valores, financieros, quiero decir valores financieros.
Paga los trabajadores y *también* paga las materias primas.
Lo que paga en salarios y dividendos
es lo que queda fluido, como poder de comprar, y este poder
es menos
per forza, damn blast your intelex, es menos
que los pagos totales efectuados por la fábrica
(como salarios, dividendos y PAGOS de materias primas
intereses bancarios, etcétera
y todo, es decir la totalidad, es decir el total
de éstos se suma al total de los precios
causados por esa fábrica, cualquier jodida fábrica
y hay y tiene que haber por lo tanto un pegón
y el poder de comprar no puede nunca
en el sistema actual) alcanzar el nivel de

los precios en general…

(XXXVIII)

*

La casa de piedra labrada que puede verse desde lejos

(XXXIX)

*

No embargarás, Florencia 1766, no embargarás
por deudas un arado
ni un buey ni
a un campesino que ara con ellos.
Pietro Leopoldo.

(XLIV)

*

«La fundación, en Siena, ha sido para frenar la usura»
Nicolo Piccolomini, Proveditore.

(XLIV)

En sus almas usura y en sus pechos cobardía
En sus mentes fetidez y corrupción

(L)

*

Y de la verdadera base del crédito, o sea
la abundancia de la naturaleza
con todo el pueblo respaldándola.

(LII)

*

IGNORANCIA, pura ignorancia de la naturaleza del
dinero
pura ignorancia del crédito y la
circulación

(LII)

*

(Tching-ouang)
… diciendo ésta es mi voluntad, mi última voluntad
Conserven la paz
Conserven la paz, ocúpense del pueblo.
Diez líneas nada más su testamento.
(LIII)

*

«Un príncipe que desea cumplir su deber, tiene cuidado
a ce que l'argent circule
que el dinero circule entre el pueblo.»
(LIII)

*

Usurpación, rivalidades, impuestos
Codicia, asesinatos, rivalidades, impuestos, aduanas.
(LIII)

*

Yo-Y redujo el servicio militar y los impuestos corvées
(LIII)

*

«… tasas no, hasta que el pueblo pueda pagarlas»
(LIV)

*

HAN MING
no dio puestos a familiares de las princesas
(LIV)

*

Y Lieou dijo al Emperador:
«La diferencia, milor, es que Huon y
Ling Ti
lo sacaban y lo metían en el tesoro público

mientras Su Majestad lo mete en el suyo
particular. »

(LIV)

Dijo Chuang, tártaro:
¿no son todos sus protegidos aduladores?

(LIV)

*

Hochang consideraba sólo su propio bienestar

(LIV)

*

«Yo me crié con el pueblo» dijo Fai Tsong
«m'hijo fue criado en el palacio».

(LV)

*

Y en ese tiempo murió Ouei-Kao, el justo en los impuestos
que estableció pensiones para las viudas.

(LV)

*

... Yelly Hugo
el tártaro, un khitán, libró al pueblo de impuestos
y estableció la pensión de vejez.

(LV)

*

... CHING-TSONG vivió sabiamente
sin boato en la mesa o la ropa
y en este tiempo empezó Ngan
(o con mayor exactitud Ouang-Ngán-ché) a reclamar el restablecimiento
de los tribunales de los mercados
poniendo diario aviso de lo que se vendía con el precio correcto

de cada cosa
como se hacía en tiempos de los
emperadores Tcheou
y que un impuesto para el emperador se cobrara por eso
de ese modo aliviando a los pobres de toda aduana
proporcionándoles mercado fácil para su mercancía
y activando el comercio
por la circulación de la abundancia de todo el territorio
y dijo que él sabía iba a ser muy difícil hallar
personal
para encargarse de ello, igual que cuando YAO nombró a
Koen
y éste no pudo, y luego YU, el que drenó las
aguas del diluvio
y tales cambios molestaron en grande a los burócratas
a quienes él mandó a *confino*
es decir a los más obstinados
y puso gente joven en su lugar.

(LV)

*

ZinKwá dijo que el oro es incomible
Almacenó el trigo contra el hambre
dijo que el jade es incomible

(LVI)

*

y procrearon a Yeliú, pero su herencia
fueron 13 flautas, su laud y su biblioteca
como refutación del cargo de
peculado

(LVI)

*

Yeliú restableció el colegio imperial, congregando a los sabios
(LVI)

pero los *gangsters* continuaron
(LVI)

*

hombre pagado de sí
(LVII)

*

Ninguna casa es duradera
Edificada sobre las ruinas de la de tu vecino
(LXI)

*

La mala ley es la peor tiranía...
(LXII)

*

¿pero dónde encontrar hombres aptos y honrados para llenar los cargos?
(LXII)

*

Partido de la riqueza y el poder
a costa
de la libertad del país.
(LXIV)

*

El rico, rara vez notable por su modestia, inteligencia o humanidad
(LXIV)

*

avariento, ambicioso, vengativo
(LXIV)

*

La agricultura y las manufacturas
no se pueden perder pero el comercio es precario…

(LXV)

*

¿Cómo comercio? ¿en qué transportes? granjas, manufacturas
hasta aquí como dinero

(LXV)

*

cada colonia debiera hacer este comercio y no los individuos

(LXV)

*

vuestra debilidad carcomida por la simulación

(LXVI)

*

Todo banco de descuento es pura corrupción

(LXXI)

*

nunca en su propio país para elevar el standard de vida
Siempre en el exterior para ganancia de los usureros

(LXXIV)

*

y la venta de cañones trae más venta de cañones
                no se atiborra el mercado de cañones
                        no hay saturación

(LXXIV)

*

un régimen que descansa sobre el robo en gran escala

(LXXIV)

*

todo banco de descuento es pura iniquidad
robar al público por lucro individual

(LXXIV)

*

y si el robo es el primer principio de gobierno

(LXXVI)

*

ay de aquellos que dominan con ejércitos
y cuya sola ley es su poder

(LXXVI)

*

carente del tesoro de la honradez
que es el tesoro de los estados

(LXXVII)

*

nada cuenta sino la calidad del afecto

(LXXVII)

no
hay
guerras
justas

(LXXVIII)

*

«Come pan, niño»
eso era en una era, y el pan de España
era hecho de trigo en esa era

(LXXX)

*

y cuando el mal gobierno prevalecía, como flecha
la neblina subía del pantano

(LXXX)

*

lo que amas de verdad, eso es tu herencia verdadera

(LXXXI)

*

... las leyes como instrumento de opresión

(LXXXV)

*

Que no todo provenga de un solo hombre

(LXXXV)

*

Y la Española que decía:
«Para nada servimos, los de arriba,
pero mataron al panadero y al zapatero.»

(LXXXVI)

*

Los hombres sin honor caen en servidumbre

(LXXXVIII)

*

¿Responsable o gobierno irresponsable?

(LXXXVIII)

*

(función distributiva del dinero)

(LXXXVIII)

*

Antonino prestó al cuatro por ciento (anual)
Fue el más alto interés del Imperio
(Romano)

(LXXXVIII)

*

«Todo eso (el Banco) lo crea de la nada»

(LXXXIX)

*

«Dos males:
usura en los bancos
y robo en les soc/ anonimes».

(XCII)

*

Y contra usura
y la degradación de los sacramentos,
Por 40 años he visto esto,
ya fuera de madre como el Yang Tsé
y desensibilización
2500 años, desensibilización
2000 años, desensibilización
Después de Apolonio, desensibilización
sólo un poco de luz desde los bordes:
Erigena,
Avicena, Richardus.

(XCII)

*

la enorme cobardía organizada
(XCV)

*

Anthar, maravilloso reino, ni violencia ni pasaportes
(XCVI)

*

Auriperto se hundió, auro gravatus, porque llevaba oro
(XCVI)

*

a los vendedores de dinero
pecuniarium venditoribus...
(XCVI)

*

y unas pocas palabras sobre acaparamiento
(XCVI)

*

el hedor del motivo de lucro ha impregnado sus nombres
(XCVI)

*

Que un dólar de petróleo se vende a 5 dólares.
(CI)

*

«Es una especie de ignorancia», dijo en el tren a Yeats
el viejo cura
«lo que se imparte a diario en las escuelas».
(CI)

*

«echa a perder el arte» (hablando del sistema bancario)
(CIII)

*

«ya no les queda más que la usura»

(CIII)

*

Pero hay una ceguera que viene de dentro—
y tratan de explicarse desde su nulidad.

(CIV)

*

No usan su matemática para pensar…

(CV)

*

Orage decía que lo básico es la piedad
compassione,
Amor

(CXI)

*

Que la verdad se encuentra en la bondad

(CXIV)

*

Cuando nuestros amigos se odian entre sí
¿cómo puede haber paz en el mundo?

(CXV)

*

La voz del hambre no es oída

(CXVI)

*

Ser hombres no destructores.

(CXVII)

*

«Lástima que los poetas hayan usado símbolo y metáfora
y nadie haya aprendido nada de ellos
por hablar en figuras.»

(Adendum C)

«ANALECTA» DE CONFUCIO
Traducida por Pound
(Fragmentos)

Del libro segundo:

XI

1. El hombre que conserva vivo lo viejo y sabe reconocer la novedad, ese, llegado el caso, puede enseñar.

XV

1. Confucio dijo: La investigación de los hechos falta de pensamiento es una pura trampa y un enredijo; el mero pensamiento sin datos suficientes, una temeridad.

XVI

1. Dijo: Limitarse a combatir sistemas falsos te perjudica.

XVIII

1. Dijo: Yu, ¿quieres una definición de saber? Saber es poner en práctica lo que se sabe, y cuando no se sabe, no tratar de aparecer como que se sabe, eso es saber.

XXIV

2. Ver la justicia y no actuar con ella es cobardía.

Del libro tercero:

XI

1. Uno dijo: ¿Qué significa el sacrificio (ritual)? Él dijo: No lo sé. Si uno supiera lo suficiente para decirlo estaría en capacidad de gobernar el Imperio con la facilidad con que se ve la palma de la mano.

XIII

1. Wang-Sun Chia preguntó qué quería decir: «Mejor dar culto a la estufa (el hogar) que al misterio (dioses domésticos).»

2. Él dijo: Nada de eso. El que peca contra el cielo no tiene a quien rogar. (No puede recibir luz en las cuatro estaciones.)

XXI

1. El Duque Ai preguntó a Tsai Wo sobre los altares de los bosques. Tsai Wo le dijo: Los clanes de la dinastía Hsia plantaron pinos, los de Yin cipreses y los hombres de Chou nogales con el objeto de inspirar veneración al pueblo.

2. Kung (Confucio) lo oyó y dijo: Los actos perfectos no han menester de palabras, las costumbres inveteradas no se formulan, lo que fue antiguamente no debe condenarse.

XXVI

1. Dijo: Están arriba sin magnanimidad, participan en los ritmos sin reverencia, van a los funerales sin compasión, ¿por qué ocuparme de esa gente?

Del libro cuarto:

I

1. Dijo: La humanidad de un vecindario es su belleza. Si un hombre no se establece entre la gente verdadera, ¿cómo puede enterarse?

VI

2. Si un hombre pone toda su energía un solo día en ser de veras hombre, ¿qué tal? Jamás he visto que no le baste.

3. Puede haber algún caso, pero yo no lo he visto.

IX

1. Un intelectual (mandarín) empeñado en aprender el proceso y que se avergüenza de vestir pobremente o reniega de la mala comida, no merece que se le hable.

XI

1. El hombre cabal se ocupa de examinar su conciencia y actuar de acuerdo con ella; el mediocre se ocupa de sus propiedades, el hombre superior, de la legalidad, el hombre insignificante, de conseguir favores.

XV

1. Dijo: No preocupado de perder el puesto, sino de estar capacitado para desempeñarlo; no preocupado por ser desconocido, sino por hacer algo digno de conocerse.

XVI

1. Dijo: El hombre cabal entiende la equidad; el insignificante, su ganancia.

XVII

1. Dijo: Mira al talento sólido y procura ponerte a su nivel; observa al talento sin solidez y examina tu interioridad.

XXVII

1. Dijo: Los hombres de antes medían sus palabras temiendo no respaldarlas con su carácter.

Del libro quinto:

VII

1. Mang Wu, el mayor, preguntó si Tze-Lu era un hombre completo. Confucio dijo: No lo sé.

2. Mang preguntó otra vez. Confucio dijo: En un Estado de mil carros, era capaz de organizar el servicio militar, pero no sé si eso es un hombre completo.

3. ¿Y Ch'ui? Confucio dijo: Era capaz de gobernar una ciudad de mil familias o manejar un clan con cien carros de guerra, no sé si es todo lo que se puede pedir de un hombre.

4. ¿Y Ch'ih? Confucio dijo: Ch'ih, vestido impecablemente, era empleado en conversar con las visitas y los huéspedes de la corte, no sé si es eso todo lo que se puede esperar de un ser humano.

XVI

1. Dijo: Yen P'ing entendía la amistad: por antigua que fuera, sus escrúpulos seguían como al principio.

XX

1. Dijo: Ning Wu se comportaba como un sabio cuando el país estaba bien gobernado, y cuando el país se encon-

traba en el caos se conducía como un simple rústico, uno puede alcanzar aquella sabiduría, pero no esta simplicidad.

Del libro sexto:

IX

1. Dijo: Hui tenía verdadero talento. Una escudilla de arroz, una tacita de agua, un cuarto en una callejuela infame, otros no habrían soportado. Hui continuaba gozando (de la vida) sin cambiar, tan sólido era su talento.

XI

1. Dijo Kung a Tze-Hsia: Observa los fenómenos de la naturaleza como quien oye las voces ancestrales hablar en su interior, no te limites a mirar con un ojo mezquino.

XIX

1. Dijo: Se puede hablar de las mejoras con los que están por encima de la mediocridad; con mediocres o menos que mediocres no se puede.

XXVII

1. Dijo: El eje inconmovible es éste: poner los ojos en la mente, y de ahí actuar. ¿Alcanzarlo? Pocos hombres lo han hecho por largo tiempo.

XXVIII

1. El hombre cabal procura formarse para formar a otros, ser inteligente para hacer inteligentes a otros.

XV

1. Dijo: Un platillo de arroz cocido, agua para beber, el brazo por almohada, me bastarían para ser feliz; las riquezas y los honores obtenidos a base de injusticias me parecen nubes que pasan.

XVIII

1. El Duque de She le preguntó a Tze-Lu sobre Confucio. Tze-Lu no respondió.

2. Kung dijo: ¿No pudiste haber dicho: Es tan persistente y concentrado que se olvida de comer, tan feliz que no se acuerda de sus penas ni se da cuenta de que los años se le vienen encima?

XIX

1. Dijo: No nací sabiendo. Amo la antigüedad y activamente la investigo.

XXII

1. Dijo: El cielo me dio mi conciencia, ¿Hwan Twi, qué me puede hacer?

XXIV

1. Enseñaba por cuatro vías: literatura, comportamiento, sinceridad y cumplimiento de la palabra.

XXV

1. Dijo: No he conseguido ver un sabio. Si consiguiera ver un hombre cabal (uno en quien hablan las voces ancestrales) me bastaría.

2. Dijo: Un hombre enteramente bueno, no he podido encontrarlo. Si consiguiera ver un hombre consistente me bastaría.

3. No tener y pretender tener, estar vacío y presumir de plenitud, ser un tacaño y dárselas de liberal: así es difícil alcanzar la consistencia.

XXXIII

1. Dijo: Como sabio, como hombre completo, ¿es que puedo ponerme de modelo? Lo más que hago es tratar y no aflojar cuando me canso, enseñar sin aburrirme, eso es lo más que puedo decir de mí. Kung-hsi dijo: Exactamente lo que los jóvenes no podemos conseguir con el estudio.

XXXV

1. Dijo: El despilfarro no es una norma para herederos; la parsimonia es sólo propia de la obstinación; pero mejor ser obstinados que romper la línea de la posteridad.

XXXVII

1. Era a la vez bondadoso y exacto; grave mas no pesado, reverente y tranquilo.

Del libro octavo:

IV

3. Tres cosas honra un caballero en su modo de proceder: que para actuar con energía se mantenga una calma exterior tan alejada de la insolencia como del servilismo; que la expresión del rostro guarde correspondencia con lo que se dice, y que el espíritu de lo que se dice no suponga mezquindad ni doblez.

V

1. Tsang-tze dijo: Competente pero deseoso de preguntar a los que carecían de talento, dotado de muchas cosas pero inquiriendo de los que no la tenían, lleno de todo y actuando como si no tuviera nada, sin ripostar cuando se le ofendía, tuve una vez un amigo que seguía esa línea.

VIII

1. Dijo: Despertado por las Odas.
2. Estabilizado por los ritos.
3. Enfocado a la perfección por la música.

XIII

3. Cuando un Estado funciona bien, la pobreza y el desprestigio son motivos de vergüenza; cuando un Estado está en desbarajuste (i. e. mal gobernado, bajo un gobierno corrompido), la riqueza y los honores son la vergüenza.

XXI

1. Dijo: Encuentro a Yu sin una falta: frugal en la bebida y la comida, mostrando al maximum continuidad filial con los espíritus y potencias del aire, siempre vestido modestamente, pero con elegancia absoluta en los ornamentos negros y azules y el capacete de los sacrificios, un humilde palacio como casa, todas sus energías volcadas en trabajos de irrigación y drenaje, lo encuentro sin una falla.

Del libro noveno:

XIII

1. Tuvo deseos de vivir con los salvajes.

2. Alguien le dijo: Son rudos, vulgares, ¿cuál es tu idea? Él dijo: Si un hombre civilizado viviera con ellos, ¿cómo podrán seguir así?

XXV

1. Dijo: Se puede secuestrar a un general de tres divisiones, pero no puede secuestrarse la voluntad de un hombre.

Del libro décimo:

XII

1. Hubo un incendio en los establos cuando andaba en la corte y dijo: ¿Alguna desgracia?, sin preguntar por los caballos.

XVIII

1. «Belleza: Lo que alza el vuelo, se cierne en las alturas y luego vuelve al nido.»

1. Dijo: ¡La montaña! ¡La hembra del faisán! ¡La temporada de los faisanes! ¡La estación ha llegado! Tze-Lu ha mostrado reverencia, aspirando tres veces el perfume del aire y levantándose.

Del libro undécimo:

III

1. Cuando Yen Yuan murió, Confucio dijo: El cielo me destruye, el cielo me destruye.

XV

1. Tze-Kung preguntó: ¿Quién es mejor, Shih o Shang? El dijo: Shih se pasa de la raya, Shang no llega a la raya.

Tze dijo: ¿Entonces Shih es el mejor? Él dijo: Es lo mismo pasarse que no llegar.

XXIII

1. Chi Tze-zan preguntó si Ching Yu y Zan Ch'iu se podían llamar grandes ministros.

2. Él dijo: Creí que preguntarías por uno fuera de lo común y sales preguntando por esos dos.

3. Se llama gran ministro al que sirve a su mandatario con honradez y, si no puede, se retira.

4. Yu y Chu pueden llamarse «ministros» y nada más.

(En sentido de «instrumentos». Ministros de número. Pauthier: «considerés comme ayant augmente la nombre des ministres».)

5. (Tze-zan) dijo: «Cómo no; que se avienen a todo.

6. Confucio dijo: Tal vez no al parricidio…

Del libro duodécimo:

I

1. Yen Yuan preguntó sobre la plena humanidad. Él dijo: Sostenerse a sí mismo y volver a los ritos, eso hace al hombre.

(«Sostenerse a sí mismo» es literal. No cabe limitarlo a la idea superficial de ganarse la vida. «Dar muestras de carácter» traduciría otro aspecto de la frase.)

Si un hombre pudiera dar su propia medida por un solo día, y volver a los ritos, también el Imperio alcanzaría su plena humanidad. Esto de la humanidad brota de uno mismo, ¿cómo va a brotar de otro?

2. Yen Yuan dijo: Quisiera tener cabeza para entenderlo o que me lo explicaras.

Kung dijo: Si algo está en contra de los ritos, no lo mires, no lo oigas, no lo discutas; si es contrario a los ritos no gastes tus energías en eso. Yen Yuan dijo: No soy inteligente, pero me gustaría seguir este consejo.

II

1. Chung-Kung preguntó sobre la plena humanidad. Él dijo: Fuera de tu casa trata a los hombres como a huéspedes importantes; pon a los trabajadores a trabajar como si celebraras el gran Sacrificio; lo que no quieras para ti no lo hagas a los otros; radícate en un distrito sin andarle buscando defectos, enraíza en un hogar sin buscarle defectos.

Chung-Kung dijo: No soy inteligente, pero me gustaría poner en práctica esas palabras.

IV

1. Sze-ma Niu preguntó sobre la palabra caballero (chun tzu). Él dijo: El caballero no tiene melancolías ni temores.

2. (niu) dijo: Si se examina (no encuentra) nada malo (enfermo), ¿por qué ha de tener melancolías y temores?

VII

1. Tze-Kung preguntó sobre el buen gobierno. Él dijo: Abundancia de alimentos, suficientes armas, y que el pueblo haga honor a su palabra. (Aliter: tenga confianza en el gobernante.)

2. Tze-Kung dijo: ¿Si no pueden tenerse las tres cosas a la vez cuál suprimir primero? Él dijo: El armamento.

3. Tze dijo: Y si tampoco puedes tener al mismo tiempo las otras dos cosas, ¿cuál suprimir primero? Él dijo: los alimentos. Todos tenemos que morir, pero si el pueblo pierde la fe (la confianza en el gobernante), nada queda en pie.

(También en un sentido más profundo que el destacado por la versión.)

VIII

1. Chi-Tze-ch'ang dijo: Un hombre cabal necesita cualidades positivas y con eso le basta, ¿para qué la «cultura»?

2. Confuncio dijo: Tristes palabras en boca de un filósofo (pero), ni cuatro caballos alcanzan a la lengua.

3. El acabado es como la sustancia, lo positivo (i e. forma-fondo); la sustancia equivale al acabado que recibe; piel de tigre, piel de leopardo son como cuero de perro y cuero de cabra si les raspan el pelo.

X

1. Tze-chang preguntó sobre cómo elevar el nivel de las conciencias y despejar las aberraciones. Él dijo: Ante todo colócate en su centro (de la conciencia), honra tu palabra, ten respeto por el tuyo y el mío, eso eleva el nivel de tu virtud (el nivel de los actos conscientes).

XI

1. El Duque Ching de Ch'i preguntó a Kung-Tze (Confucio) sobre el gobierno.

2. Kung dijo: Príncipe, príncipe; ministro, ministro; padre, padre; hijo, hijo.

3. El Duque dijo: Estoy con eso; si el príncipe no es príncipe; ni el ministro, ministro; ni el padre, padre; ni el hijo, hijo, aunque haya granos en abundancia, ¿cómo puedo comer tranquilo?

XII

1. Arreglar las disputas con una palabra, Retoño podía hacerlo.

2. Tze-Lu (Retoño) no se echaba a dormir sin cumplir lo prometido.

XIII

1. Dijo: Para oír litigios, soy como cualquier otro; la cuestión es que no haya litigios, n'est-ce pas?

XIV

1. Tze Chang preguntó sobre el gobierno. Kung dijo: No acostarse a dormir; actuar desde el centro del corazón (con absoluta sinceridad).

XVII

1. Chi K'ang preguntó sobre el gobierno. Kong dijo: Gobernar es corregir. Si el gobernante es correcto, ¿quién va a ser incorrecto?

XVIII

1. Chi K'ang preocupado por los ladrones, consultó a Confucio: Kung dijo: Si tú no fueras codicioso, no robarían ni que les pagaras.

XIX

1. Chi K'ang preguntó sobre el gobierno. ¿Qué dices de matar a los descarriados en beneficio de los bien portados?

Kung-tze respondió: ¿Por qué matar para gobernar? Si tú eres bueno, el pueblo es bueno, el hombre honrado que obra en conciencia es como brisa, el pueblo que obra en conciencia es como yerba: toda yerba se inclina al soplo de la brisa.

XX

1. Tze-chang preguntó qué debe hacer un funcionario para llegar lejos.

2. Él dijo: ¿Qué llamas llegar lejos?

3. Chang dijo: Conocido en todo el país, escuchado por su clan.

4. Él dijo: Eso es notoriedad, no distinción.

5. El hombre de eficacia verdadera, es sólido y recto; ama la justicia; pondera las palabras de los demás; les mira a la cara; trata de saber cómo, en qué sentido es inferior a ellos; arraiga en el Estado y su influencia va lejos; echa raíces en su familia y realiza muchas cosas desde lejos.

6. El monigote inconfundible, pagado de sí mismo, trata de hacer un espectáculo de su humanidad (de estar siempre en escena), pero sus acciones lo desmienten; da que hablar hasta en los confines del país y hace bulla en todos los rincones de su clan.

XXII

1. Fan Ch'ih preguntó sobre humanidad. Él dijo: Amar a los hombres. Preguntado sobre el conocimiento, dijo: Conocer a los hombres.

2. Fan Ch'ih no quedó claro.

3. Kung agregó: ascender a los honrados y fregar a los sinvergüenzas, éste es el modo de enderezar a los sinvergüenzas.

4. Fan Ch'ih se alejó y, encontrando a Tze-Hsia, le dijo: Acabo de ver al grande hombre y le pregunté sobre el conocimiento. Me dijo: Da los puestos a los honrados y friega a los sinvergüenzas, este es el modo de enderezar a los sinvergüenzas. ¿Qué me quiso decir?

5. Tze-Hsia dijo: Enseñanza valiosa y profunda.

6. Shun tenía el Imperio, sacó a Kao Yao de entre la multitud, lo ascendió y los sinvergüenzas se retiraron. T'ang tenía el imperio, sacó a Yin de entre las hordas, le dio poder y los sinvergüenzas se alejaron.

XXIII

1. Tze-kung preguntó sobre la amistad. Él dijo: Habla desde el centro de tu mente (conciencia), sostén el proceder honorable, si él no puede seguirlo, no te deshonres tú.

Del libro decimotercero:

II

1. Chung-kung, siendo ministro de Chi, preguntó sobre el gobierno. Él dijo: Lo primero seleccionar tus colaboradores, no repares en pequeños defectos y da los cargos a los hombres de talento sólido.

2. Chung dijo: ¿Cómo conocer a los hombres de talento sólido?

3. Él dijo: Designa a los que conoces, ¿no crees que otros harán lo mismo con los que no conoces?

III

1. Tze-Lu le dijo: El Señor de Wei te espera para que formes gobierno, ¿qué es lo primero que vas a hacer?

2. Kung dijo: Fijar los nombres (determinar una terminología precisa).

3. Tze-Lu dijo: ¿Cómo dices? ¡No divagues! ¿Por qué fijar los nombres?

4. ¡Vamos, Retoño! ¡Cabeza de ayote! Cuando un hombre sensato no sabe una cosa, guarda cierta reserva.

5. Cuando las palabras no son precisas no pueden ser ejecutadas o llevadas a cabo en la acción conforme a las especificaciones.

6. Cuando las acciones no están bien enfocadas, las ceremonias y la música no prosperan; cuando los ritos y la música no florecen, los castigos se aplican mal, yerran el blanco y el pueblo ignora en qué ocupar las manos o dónde poner los pies.

7. Por consiguiente, el hombre honrado debe contar con palabras que se puedan decir (honradamente) y que cuando se digan se puedan poner en práctica; las palabras del hombre honrado deben adecuarse a las cosas, corresponder a ellas (con exactitud) y no más ruido sobre el asunto.

IV

1. Fan Ch'ih pidió que le enseñaran agricultura. Él dijo: De eso no sé como un viejo campesino.

3. Si los de arriba observaran los ritos, nadie sería irreverente; si los de arriba actuaran con justicia, el pueblo no estaría inconforme; si los de arriba dijeran la verdad, la gente no recurriría a la disimulación. Cuando el mandatario es así, el pueblo llega de los Cuatro Rumbos con sus niños al hombro para conocerlo; ¿para qué ha de saber agricultura?

VI

1. Dijo: Cuando el gobernante tiene carácter, gobierna sin dar órdenes. Si no tiene carácter, ya puede darlas, que no serán cumplidas.

VII

1. Dijo: El régimen de Lu y Wei: hermanos mayor y menor.

IX

1. Cuando visitó Wei, Zan Yu le llevó a su coche.
2. Dijo: ¿Qué población?
3. Zan Yu dijo: La suficiente, ¿qué más? Él dijo: Enriquécelos.
4. Zan Yu dijo: Ya son ricos, ¿qué más? Él dijo: Edúcalos.

X

1. Dijo: Si me hubieran dado un cargo por un año, algo pude haber hecho en ese tiempo, y en tres años, algo perfecto.

XI

1. Dijo: Gobiernos de hombres honrados por cien años podrían libertar al país de los malhechores y prescindir de la pena de muerte.

(Primera vez, al parecer, que un hombre pensó en eso.)

XII

1. Dijo: Con gobiernos honrados en una generación se produciría la consiguiente humanización del pueblo.

XIII

1. Dijo: Si el gobernante se corrige gobernará sin dificultad; si no se puede corregir, ¿qué sigue haciendo en el gobierno, anyhow?

XIV

1. A Zan-tze, que salía de palacio, le dijo: ¿Por qué tan tarde?

2. Zan respondió: Asuntos oficiales. Kung dijo: Pudiera ser negocios personales del gobernante, affaires du prince, pero si verdaderamente fueran asuntos del gobierno, aunque no formo parte de él, me sería difícil no quedarme oyéndolos.

XV

1. El Duque Ting preguntó si existía una frase (fórmula) capaz de traer la prosperidad a un país. Kung-tze respondió: Una sola frase difícilmente podría ponerlo todo en movimiento.

2. Hay un dicho: Difícil es ser príncipe, y ministro no es fácil.

3. Sabiendo que ser príncipe es difícil, esa frase casi podría traer la prosperidad al país.

4. Preguntado: ¿Hay una frase que pueda causar la ruina de un país? Respondió: Difícilmente pero hay un dicho: Cosa ingrata es ser príncipe, salvo que nadie puede contradecirle.

5. Si es bueno y no se le contradice, no está mal. Pero si es malo y nadie le lleva la contra es casi suficiente para causar la ruina del país, n'est-ce pas?

XVI

1. El Duque de Sheh preguntó sobre el buen gobierno.

2. Kung dijo: Los de aquí, contentos; los que están fuera se sienten atraídos y se vienen.

XVII

1. Tze-Hsia, siendo gobernador de Chu-fu, preguntó sobre el gobierno. Él dijo: No quieras hacer las cosas en carrera, ni andes a caza de pequeñas ganancias; si pretendes que se hagan las cosas en carrera, no saldrán bien; si persigues pequeñas ganancias, las cosas grandes no se harán como es debido.

XVIII

1. El Duque de She dijo a Confucio: Hay en mi pueblo gente honrada: si uno roba una oveja su hijo declara contra él.

2. Kung dijo: En mi pueblo también hay gente honrada, con esta diferencia: el padre oculta la falta del hijo y el hijo la del padre. Esto también es honradez.

XIX

1. Fan Ch'ih preguntó sobre la plena humanidad. Él dijo: El que vive con desahogo debe ser modesto, el que se encarga de la administración, honrado.

2. Dando a los hombres con sinceridad, aun entre los salvajes del este y el noroeste estas virtudes no se desperdician.

XX

1. Tze-Kung preguntó la definición de un funcionario. Él dijo: El que tiene vergüenza, si le mandan al último rincón del país, cumple las órdenes recibidas, sin deshonrarse.

2. Tze dijo: ¿Y después de eso? Kung dijo: La gente de su parroquia sopesa sus acciones y lo encuentra piadoso (buen hijo), los habitantes de su aldea sopesan sus actos y lo encuentran hermanable.

3. Tze dijo: ¿Y qué más? Kung dijo: Cuando habla debe ser consecuente en sus actos.

4. Tze dijo: ¿Y los que están mandando ahora? Él dijo: Tarros de lata y canastas de bambú (nada más que trastos, utensilios). No hay más que contarlos. E poi basta (Aliter: saben usar su ábaco, calcular sus entradas).

XXII

2. Inconsistente (incoherente) en practicar lo que le dicta su conciencia, de seguro le espera la desgracia.

3. Dijo: Por no hacer caso de las señales, that's all (un simple descuido puede acarrear su caída).

XXIII

1. El hombre cabal se expresa amablemente, pero no es como cualquier otro. El hombre insignificante es como todo el mundo pero no es agradable.

XXIV

1. Tze-Kung dijo: ¿Qué dices del individuo que les cae bien a todos en su pueblo? Él dijo: No sirve. Tze dijo: ¿Y el que les cae mal a todos en su pueblo? Kung dijo: Tampoco sirve. Ninguno de ellos está a la par del hombre a quien aprecia la gente decente y a quien odian los sinvergüenzas.

XXVIII

1. Tze-lu dijo: ¿Cómo se define realmente un intelectual? Kung dijo: Apremiante y quieto. (Insistente, persistente, cosigioso y apacible. Mathews propone: consagrado, presionante, complacido) consecuente con y atento a su pensamienio, al ámbito de su mente y al ámbito de su corazón, tratable, (fácil entenderse con él) y de buen humor. Intelectual puede llamarse el que se interesa en sus amigos y les resulta estimulante; alegre y espontáneo con sus Hermanos mayores y menores.

XXIX

1. Dijo: Si un hombre bueno les enseña por siete años, pueden ir a la guerra.

XXX

1. Dijo: Mandarlos a la guerra sin entrenar es perderlos.

Del libro decimocuarto:

I

1. Hsien preguntó qué es vergonzoso. Él dijo: Cuando el país tiene un buen gobierno, pensar sólo en el sueldo; cuando el país tiene un gobierno malo, pensar sólo en el sueldo: eso es lo vergonzoso.

IV

1. Dijo: Cuando el país es gobernado con decencia: palabras atrevidas, acciones atrevidas. Cuando el país no se gobierna con decencia: acciones atrevidas, palabras prudentes.

VII

1. Dijo: Los hombres superiores no son siempre completos; ningún hombre ruin tiene humánitas.

XI

1. Dijo: Ser pobre sin renegar y sin resentimiento es difícil; fácil ser rico sin altivez.

XIII

Tze-lu preguntó sobre el hombre perfecto (bien enfocado).

1. Él dijo: Si tuviera el saber de Wu-chung, si estuviera tan libre de codicia como Kun-ch'o, si fuera tan valiente como Chwan de Pién, y poseyera los múltiples talentos (habilidades) de Zan Ch'iu y bastante cultura para los ritos y la música; contaría con lo necesario para la humana perfección.

2. Dijo: (además): Hoy en día, ¿cómo pedir tan perfecta humanidad? Ver la oportunidad de mejorar y procurar la justicia, ver el peligro y aceptar cada cual su destino, no olvidar las palabras de santo y seña de un compromiso celebrado hace mucho tiempo, eso también constituye al hombre bien enfocado.

XVI

1. Kung dijo: El Duque Wan de Tsín era un guatusero y hombre sin rectitud. (Wily: vernáculo, guatusero, del ideograma conteniendo palabras y una lechuza, nubes de tres colores, hipocresía. Pauthier: «un faurbe sans droiture»).

XVIII

2. Dijo: Kwan Chung ayudó al Duque Juan, como Primer Ministro, sometiendo a los príncipes (rebeldes): unificó

y rectificó el Imperio y el pueblo todavía recibe los beneficios. A no ser por Kwan Chung aún andaríamos con el pelo suelto y abotonando nuestras casacas del lado izquierdo.

XXI

3. Dijo: Si lo que el hombre dice no es lo que piensa, se hace difícil proyectar negocios o trazar planes conforme a lo que dice.

XXIII

1. Tze-lu preguntó cómo ayudar al gobernante: Él dijo: No engañarlo, parársele en firme.

XXV

1. Dijo: Los hombres de antes estudiaban para formarse; los de hoy estudian para dar a creer.

XXVI

1. Chu Po-yu le mandó un enviado.

2. Confucio lo sentó a su lado y le preguntó: ¿Qué hace tu jefe?

El enviado respondió: «Mi mandatario quiere disminuir el número de sus errores, pero no puede». En seguida se marchó.

Confucio dijo: Todo un enviado, ¿eh?

XXIX

1. Dijo: Un hombre honrado tiene el pudor de sus palabras y las supera en sus acciones. (Aliter: se avergüenza de que sus palabras no correspondan a sus actos).

XXXII

1. … me preocupan mis incapacidades.

XXXV

1. Dijo: Un caballo no es de primera calidad por su fuerza, sino por una feliz combinación de cualidades.

Del libro decimoquinto:

X

6. Eliminad el arrullo de orejas (ear-noise, el murmullo de orejas, la bulla auricular) de la dinastía Chang, y limpiad el palacio de aduladores. Las modulaciones de los Chang son una asquerosidad y los falsos admiradores un peligro.

XI

1. Dijo: El que no piensa para largo plazo tendrá el disgusto a la vuelta de la esquina.

XVII

1. Dijo: De la substancia de la justicia el hombre honrado hace sus obras. (Aliter: el hombre honrado hace sus actos con la substancia de la equidad).

(Como en las últimas palabras del Ta S'en:

El tesoro de un Estado es la honradez.

otras variantes:

El capital del Estado es la honradez.

La riqueza de un Estado es su honradez.

La prosperidad de un pueblo es la honradez de su (gobierno).

XXIX

1. Dijo: Lo que está mal, pero no cambia, es lo que puede definirse como definitivamente malo.

Del libro decimoséptimo:

I

1. Yang Ho (el gobernador) quiso ver a Confucio y éste se excusó. Yang le mandó un cerdo de regalo. Kung le hizo la obligatoria visita de agradecimiento, procurando hallarle en casa. Lo topó en el camino.

2. Yang dijo: Quiero hablarte: tu tesoro para ti solo, el país en el caos, ¿eso es lo humano?

Él dijo: No.

«Enamorado de servir al país, perdiendo siempre la oportunidad, ¿eso es lo inteligente?

Él dijo: No.

«Sol y luna en movimiento, el año no te espera».

Él dijo: O. K. Aceptaré el empleo.

X

Dijo a Po-Yu (su hijo): Ponte a estudiar los poemas de Chao del Sur y de Shao del Sur. Un hombre que no ha trabajado (estudiando) esos poemas es como si tuviera una pared enfrente.

XIII

Dijo: Estos personajes de aldea son escamoteadores y coimes que actúan de conformidad con un criterio ajeno, cuidadosos de no perder el paso, simuladores de cualidades. (P: cherchente les suffrages des villageois).

XV

1. Dijo: ¿Colaborar (con el gobernante) a la par de toda esa «mengalería intelectual»? (These village-sized minds).

2. Hasta que no consiguen una posición no se preocupan más que de conseguirla, y cuando ya la tienen, viven atormentados por la preocupación de perderla.

3. Con ese miedo de perder el puesto, no existe nada, nada absolutamente, que no estén decididos a hacer con tal de no perderlo.

EL HOMBRE QUE SE PONE A LA PAR DE SU PALABRA

LA EQUIDAD ES EL TESORO DE LOS ESTADOS

VARIOS «NO»

NOTA RETROSPECTIVA

En la primavera o principio del verano de 1912, «H. D.», Richard Aldington y yo resolvimos que estábamos de acuerdo sobre los tres principios siguientes:

1. Tratamiento directo de la «cosa». Ya sea subjetiva u objetiva.

2. No usar en absoluto ninguna palabra que no contribuya a la presentación.

3. Respecto a ritmo: componer con la secuencia de la frase musical. No con la secuencia de un metrónomo.

Sobre muchos puntos de gusto y predilección diferíamos, pero concordando sobre estas tres posiciones pensamos tener tanto derecho a un nombre de grupo como tantas «escuelas» francesas proclamadas por Mr. Flint en el número de agosto de 1911 de la revista de Harold Munro.

Esta escuela fue «integrada» o «seguida» por numerosas personas que, cualesquiera sean sus méritos, no dan señales de concordar en la segunda especificación. El *Vers libre* se ha vuelto tan prolijo y verboso como cualesquiera de las fláccidas variedades de verso que lo precedieron. Ha traído faltas propias. Su lenguaje y fraseo son a menudo tan malos como los de nuestros mayores sin tener siquiera la excusa de que las palabras son amontonadas para llenar un patrón métrico o para completar el ruido de una rima. Si las frases seguidas por los seguidores son o no musicales debe ser dejado a la decisión del lector. A veces encuentro un marcado metro en *Vers libre*, tan rancio y cajonero como el de cualquier pseudo-Swinburniano, a veces los escritores parecen no seguir ninguna estructura musical. Pero es, en general, bueno que el campo se are. Unos pocos poemas excelentes han salido del nuevo método, por tanto está justificado.

UNOS POCOS NO

«Imagen» es lo que presenta un complejo intelectual y emocional en un instante de tiempo. Uso el término «complejo» más bien en el sentido técnico empleado por los psicólogos más nuevos, como Hart, aunque no estemos absolutamente de acuerdo en nuestra aplicación.

La presentación de tal «complejo» es lo que da de manera instantánea una sensación de súbita liberación; una sensación de libertad de los límites del tiempo y los límites del espacio; la sensación de repentino crecimiento que experimentamos en presencia de las más grandes obras de arte.

Es mejor presentar una sola imagen en toda la vida que producir obras voluminosas.

Todo esto, sin embargo, puede ser considerado por ayunos como discutible. La necesidad inmediata es tabular UNA LISTA DE VARIOS NO para los que empiezan a escribir versos. No puedo ponerlos todos en la forma negativa mosaica.

Para empezar, considérense las tres proposiciones (que piden tratamiento directo, economía de palabras y la secuencia de la frase musical) no como dogmas, sino como resultado de una larga meditación que, aunque sea la meditación de otro, puede merecer consideración.

No prestes atención a la crítica de hombres que nunca han escrito una obra notable. Considera las discrepancias entre la propia manera de escribir de los poetas y dramaturgos griegos, y las teorías de los gramáticos greco-romanos, confeccionadas para explicar sus metros.

LENGUAJE

No uses ninguna palabra superficial, ningún adjetivo que no revele algo. No uses expresiones como «dim lands of *peace*» (brumosas tierras de *paz*). Embota la imagen. Mezcla una abstracción con lo concreto. Viene de que el escritor no se da cuenta de que el objeto natural es siempre el símbolo *adecuado*.

Tenle miedo a la abstracción. No repitas en verso mediocre lo que ya ha sido dicho en buena prosa. No creas que ninguna persona inteligente será engañada cuando trates de escabullir todas las dificultades del inexpresablemente difícil arte de la buena prosa cortando tu composición en líneas métricas.

De lo que el experto está cansado hoy, el público estará cansado mañana.

No imagines que el arte de la poesía es más simple que el arte de la música, o que puedes complacer al experto antes de haber empleado al menos tanto esfuerzo en el arte del verso como el profesor de piano corriente emplea en el arte de la música.

Déjate influir por tantos grandes artistas como puedas, pero ten la decencia de recordar la deuda francamente o de tratar de esconderla.

No permitas que la «influencia» signifique meramente que tú lampacees el vocabulario decorativo particular de uno o dos poetas que admires.

Usa buen adorno o ninguno.

Que el candidato se llene la mente con las mejores cadencias que pueda descubrir, de preferencia en lengua extranjera —esto para ritmo; su vocabulario debe encontrarlo por supuesto en su lengua nativa— para que la significación de las palabras distraiga menos su atención del movimiento; vg., conjuros sajones, cantos folklóricos de las Hébridas, los versos del Dante y las canciones de Shakespeare, si puede disociar el vocabulario de la cadencia. Haga la disección de las poesías líricas de Goethe friamente para descomponerlas en los valores sónicos que las componen, en largas y cortas, acentuadas o no acentuadas, en vocales y consonantes.

No es necesario que un poema dependa de su música, pero si depende de su música, esta música debe ser tal que deleite al experto.

Que el neófito conozca la asonancia y la aliteración, la rima inmediata y la retardada, simple y polifónica, como un músico se espera que conozca la armonía y el contrapunto y todas las minucias de su oficio. Ningún tiempo es demasiado para estos asuntos o para cualquiera de ellos. Aun cuando el artista rara vez necesite estas cosas.

No te imagines que una cosa «resultará» en verso sólo porque es demasiado sonsa para ir en prosa.

No seas «mira-mira», deja eso para los escritores de lindos ensayitos filosóficos. No seas descriptivo; recuerda que el pintor puede describir un paisaje mucho mejor que tú y que tiene que saber bastante más sobre él.

Cuando Shakespeare habla de la «Dawn in russet mantle clad» (la Aurora en manto rojo) presenta algo que el pintor no presenta. No hay en este verso suyo nada que pueda llamarse descripción; sólo presenta. Considera el estilo del científico antes que el estilo del agente de anuncios sobre un nuevo jabón.

El científico no espera ser aclamado como gran científico hasta que ha *descubierto* algo. Empieza por aprender lo que ya ha sido descubierto. Parte de ese punto hacia adelante. No se vale de ser personalmente un tipo encantador. No espera que sus amigos aplaudan los resultados de sus tareas escolares de novato. Desgraciadamente los novatos en poesía no están confinados a una aula escolar definida y reconocible. Están dondequiera. ¿Es de maravillarse que el público sea indiferente a la poesía?

No partas, lo que te sale, en *yambos* separados. No hagas que cada verso se pare rotundamente al final, luego empieces cada nuevo verso con un envión. Haz que el principio de cada nuevo verso coja el impulso de la ola rítmica, salvo que quieras una pausa definida un poco larga.

En una palabra, condúcete cono un músico, un buen músico, cuando tengas que ver con la fase de tu arte que tiene paralelos exactos con la música. Las mismas leyes rigen, y no tienes otras que obedecer.

Naturalmente, tu estructura rítmica no debe destruir la forma de tus palabras, o su sonido natural, o su significado. Es improbable que, al principio, logres una estructura rítmica lo suficientemente fuerte para que las afecte mucho, aunque puedes ser víctima de toda clase de falsas paradas debidas a los finales de verso y a las cesuras.

El músico puede atenerse al tono y al volumen de la orquesta. Tú no. La palabra armonía está mal aplicada a la poesía; se refiere a sonidos simultáneos de diferente tono. Hay, sin embargo, en los mejores versos una especie de residuo de sonido que se queda en el oído del que oye y actúa más o menos como un bajo de órgano.

Una rima debe tener cierto elemento de sorpresa para producir placer; no necesita ser rara o curiosa, pero sí bien usada si se ha de usar.

Vide las notas de Vildrac y Duhamel sobre la rima en *Technique Poétique.*

Aquella parte de tu poesía que golpea el *ojo* de la imaginación del lector no perderá nada por la traducción a una lengua extranjera; lo que apela al oído sólo es accesible en el original.

Considera la bien definida exactitud de la presentación del Dante comparada con la retórica de Milton.

Lee todo lo de Wordsworth que no te parezca insoportablemente soso.

Si quieres el meollo recurre a Safo, Catulo, Villón, Heine cuando está de vena, Gautier cuando no sea demasiado frígido; y si no tienes el don de lenguas acude al reposado Chaucer. La buena prosa no te hará mal, y es buena disciplina el tratar de escribirla.

Traducir es también buen entrenamiento, si ves que tu materia poética «chapucea» cuando tratas de ponerla en limpio. El significado del poema a traducir no puede andar con «chapueos».

Si estás usando una forma simétrica, no trates de poner en ella lo que quieres decir y luego llenar los vacíos que quedan, con bazofia.

No resuelvas la percepción de un sentido tratando de definirla en términos de otro. En general esto es tan solo el resultado de ser demasiado perezoso para encontrar la palabra exacta. Para esta cláusula hay posiblemente excepciones.

Las tres primeras sencillas proscripciones echarán al canasto las nueve décimas partes de toda la poesía hoy aceptada como ejemplar y clásica; y te evitará muchos crímenes literarios.

«... *Mais d'abord il faut être un poète*», como los señores Duhamel y Vildrac dicen al fin de su librito, *Notes sur la Technique Poétique.*

TARJETA DE VISITA

EL ESTADO

La revolución o revoluciones del siglo diecinueve definieron la libertad como el derecho de hacer todo aquello que no perjudique a los demás. Pero con la decadencia del estado democrático —o republicano— esa definición ha sido traicionada en interés de los usureros y especuladores.

En el principio era la palabra y la palabra ha sido traicionada.

La introducción a cualquier discurso bien ordenado se compone de citas conscientes o inconscientes. Durante 2.500 años, Europa ha citado a Aristóteles deliberada o no deliberadamente. En China toda dinastía de tres siglos al menos de duración se ha basado en el *Ta Hsueh* a «Gran Digesto» de Confucio y se encontraba respaldada por un grupo de intelectuales confucianos. El maestro Kung coleccionó las Odas y los documentos históricos de los reyes antiguos, porque los consideraba instrumentos merecedores de preservación.

Encontramos dos fuerzas en la historia: una que divide, desintegra y aniquila, y otra que contempla la unidad del misterio.

«No tiene dos puntas la flecha».

De un lado está la fuerza que falsifica, la fuerza que destruye todo símbolo claramente delineado, arrastrándonos a un laberinto de discusiones abstractas, destruyendo no sólo una, sino todas las religiones.

Pero las imágenes de los dioses o los mosaicos bizantinos mueven el alma a la contemplación y preservan la tradición de la luz indivisa.

BROOK ADAMS

Este miembro de la familia Adams, hijo de C. F. Adams, nieto de J. C. Adams y bisnieto de J. Adams, Padre de la Patria, fue, si no me equivoco, el primero en formular la idea de una *Kulturnarphologie* en los Estados Unidos. Su visión cíclica de Occidente nos muestra una lucha consecutiva contra cuatro grandes *rackets* —o formas organizadas de la rapacidad—, a saber, la explotación del miedo a lo ignorado (magia negra, etc.), la explotación de la violencia, la explotación o el monopolio de la tierra cultivable, y la explotación del dinero.

Pero ni el propio Adams parece haberse hecho cargo de que él mismo había caído en el error de la metafísica del siglo diecinueve sobre la última. Distingue entre el latrocinio de los usureros y el de los monopolistas, pero acepta la idea, compartida por Mill y Marx, del dinero como acumulador de energía.

Mill definió el capital «como fondo acumulado de trabajo humano».

Y Marx, o su traductor al italiano: «los artículos de consumo, en cuanto constituyen valores, son trabajo materializado», negando así lo mismo a Dios que a la naturaleza.

Con la falsificación de la palabra se hace traición a todo lo demás.

Los artículos de consumo (considerados como valores excedentes, alimentos, ropa o lo que sea) son materias primas manufacturadas.

Sólo la poesía oral y la música no escrita se componen sin base material ninguna, y no llegan a «materializarse».

Los usureros, en su siglo obsceno y tenebroso, crearon esta satánica transubstanciación, su Misa Negra del dinero, y al hacerlo engañaron al propio Brook Adams, quien peleaba a favor de los campesinos y de la humanidad contra los monopolistas.

«... Sólo el dinero es capaz de ser transmutado inmediatamente en cualquier forma de actividad»; tal es el idioma del mito infame.

Se ve bastante bien lo que él trataba de expresar, como se entiende lo que Mill y Marx querían decir. Pero la traición de la palabra empieza con el uso de palabras que no se ajustan a la verdad, que no dicen lo que el autor quiere que digan.

El dinero no contiene energía. La moneda de media lira no crea el boleto, ni los cigarrillos, ni la tableta de chocolates que sale de la robaníqueles.

Es por este acto de prestidigitación por lo que la humanidad ha sido atada de pies y manos, y hasta la fecha no ha podido libertarse.

Sin historia nos perdemos en la oscuridad, y los datos esenciales de la historia moderna no bastan para alumbrarnos, si no se les hace retroceder por lo menos hasta la fundación de Banco de Siena, el Monte dei Paschi; en otras palabras, hasta la percepción de la auténtica base del crédito, a saber, «la abundancia de la naturaleza y la responsabilidad de todo el pueblo».

La diferencia entre el dinero y el crédito es una diferencia de tiempo. El crédito es el tiempo futuro del dinero. Sin definición de palabras no hay transmisión de conocimientos.

Puede basarse el discurso sobre definiciones o sobre el relato de sucesos históricos (el método filosófico, o el método literario y el histórico respectivamente).

Sin preludio narrativo, nadie tendrá tal vez la paciencia de considerar las llamadas «áridas» definiciones.

La última guerra empezó en 1694 con la fundación del Banco de Inglaterra.

Paterson, en su manifiesto a los posibles accionistas, les decía: «el banco cuenta con la ganancia de los intereses sobre todos los dineros que el mismo crea de la nada».

Este latrocinio, calculado para rendir ganancia al usurario interés del sesenta por ciento, era imparcial. Caía por igual sobre amigos y enemigos.

En el pasado el monto del dinero en circulación se regulaba, como ha dicho Lord Overtone (Samuel Lloyd) «para llenar las necesidades reales del comercio, y para descontar todas las letras comerciales emitidas en legítimas transacciones».

Pero después de Waterloo, Brooks Adams vio «que la misma naturaleza se ponía a favor de los usureros». Durante más de un siglo después de Waterloo, no hubo ninguna fuerza que se opusiera al monopolio del dinero. El pasaje pertinente de Brooks Adams es el que sigue:

«Tal vez no haya existido un financiero más competente que Samuel Lloyd. Ciertamente entendía como muy pocos hombres, aun de la última generación, han entendido la poderosa maquinaria del patrón único. El comprendió que, debido a la expansión del comercio, un circulante sin elasticidad, aumentaría su valor; vio que, teniendo a mano suficientes recursos, su clase podría ser capaz de establecer el alza referida, casi a su antojo; que con seguridad una vez ocurrida, podrían manipularla aprovechando el cambio extranjero. Percibió además, que, una vez establecida, una contracción del circulante podría ser llevada al extremo, y que al subir el dinero por encima del precio, como en 1825, los deudores tendrían que entregar sus propiedades en los términos que dictaran los acreedores».

Si este pasaje parece oscuro al hombre de letras corriente, lo siento; pero no puede entenderse la historia en veinte minutos. Nuestra cultura yace reducida a fragmentos, y con la monetología de la usurocracia nuestra cultura económica se ha vuelto un libro cerrado para los estetas.

El campesino nos alimenta y el usurero nos estrangula —cuando no puede chuparnos la sangre poco a poco.

La historia ha de escribirse conociendo los despachos del embajador Barbon Marosini (particularmente uno fechado en París el 28 de enero de 1723, estilo veneciano, que describe el *affair* Law) junto con los documentos conducentes a la fundación del Monte dei Paschi, y las escandalosas páginas de Antonio Lobero, archivero del Banco di San Giorgio de Génova.

WORGL

En mil novecientos treinta y tantos, la pequeña ciudad tirolesa de Worgl hizo correr escalofríos por las espaldas de todas las chinches de Europa, lanzando su propio dinero Gesellista (o mejor dicho, la variedad Gesellista del dinero Mazziniano). A cada uno de los billetes de este dinero debe pegársele cada mes una estampilla o sello fiscal de valor equivalente al uno por ciento del valor nominal del billete. De esta manera el municipio derivaba una renta del doce por ciento anual sobre el nuevo dinero puesto en circulación.

La ciudad había estado en quiebra: los ciudadanos no habían podido pagar sus impuestos, el municipio no podía pagar los salarios de los maestros de escuela, etcétera. Pero antes de dos años todo estaba arreglado, y los habitantes se habían construido un nuevo puente de piedra, etc., todo iba a la perfección hasta que un día un malaventurado billete de Worgl fue presentado en una de las ventanillas de un banco de Innsbruck. Se dieron cuenta, claro, ¡qué duda cabe! El monopolio plutocrático se había infringido. ¡Amenazas, fulminaciones, anatema! El burgomaestre fue destituido de su cargo, pero la guerra ideológica estaba ganada.

El senador Bankhead propuso una emisión de billetes de un dólar hasta un límite de mil millones de dólares (Bankhead. Pettengill, 17 de febrero 1933), pero las estampillas debían pegarse a la esquizofrénica razón de dos centavos por semana, equivalente a un interés del 104 por 100 anual. La incomprensión del principio del precio justo no podía llegar a proporciones más absurdas. Y los partidarios del Crédito Social en Alberta cometieron estupideces no menos gordas: los sellos resultaron imprácticos por demasiado pequeños y provistos de una goma que no pegaba.

UN PRINCIPIO

El Estado puede dar dinero prestado. La flota que venció en Salamina se construyó con el dinero adelantado a los armadores por el Estado ateniense.

El abuso de esa prerrogativa estatal fue demostrado en la decadencia del Imperio Romano. El Estado prestaba dinero a deudores indignos que no le pagaban. Con billetes a base de estampillas es automático el reembolso.

El que no quiere pagar presencia el descenso gradual del poder adquisitivo de su dinero.

La colonia de Pensilvania daba prestado su papel moneda colonial a los agricultores, para que se lo pagaran en abonos anuales del diez por ciento, y la bonanza resultante tuvo fama en todo el mundo occidental. Igualmente famoso fue el sistema de los jesuitas en el Paraguay.

CANCELACIÓN

Entre los llamados misterios de la economía ninguno más incomprendido que el de la cancelación del dinero superfluo o del crédito.

Bajo el sistema Gesellista esta cuestión resulta tan sencilla que hasta la puede entender un niño.

Cualquier cantidad de dinero emitida se cancela por sí misma en 100 meses (ocho años y cuatro meses), y por lo tanto actúa, en cierto modo, como salvaguardia contra la inflación.

Téngase en cuenta que la inflación ocurre cuando las mercaderías se consumen con mayor rapidez que el dinero, o cuando hay demasiado dinero en circulación. Me parece una insensatez que a fin de procurar al estado su poder de comprar, el dinero tenga que colectarse de la manera en que suele hacerse, por impuestos regulares, de acuerdo con las supersticiones de las épocas mercantilista y usurocrática. Tan ridículo como si el propietario de una mina de estaño anduviera colectando latas viejas.

En resumen: el sistema Gesellista supone una ganancia del 17 por 100 anual para el estado, si se compara con el sistema de préstamos gubernamentales. Porque los préstamos le cuestan al gobierno aproximadamente 5 por 100 al año, que hay que cobrar al público en impuestos adicionales. Los billetes a base de estampillas, por otro lado, si fueran emitidos por el estado para cualquier servicio de utilidad pública, reducirían los impuestos preexistentes hasta una suma igual al 12 por 100 de la cantidad de dinero Gesellista gastado por el gobierno.

AHORRO

Tenemos necesidad de un medio para ahorrar y de un medio para comprar y vender, pero no existe ninguna ley eterna que nos obligue a usar el mismo medio para esas dos funciones diferentes.

El papel estampilla puede ser adoptado como circulante auxiliar, y no como la única forma de dinero.

La proporción del dinero ordinario al papel estampilla, si se calcula con acierto y juicio, podría utilizarse para mantener un equilibrio justo y casi invariable entre los productos disponibles de que hay demanda y la totalidad del dinero de la nación, o por lo menos contener sus fluctuaciones dentro de límites tolerables.

Bacon escribió: «El dinero es como el estiércol de abono, únicamente bueno para regarlo sobre el terreno».

Jackson: «El lugar más seguro para depósitos de dinero está en los bolsillos del pueblo».

Aún estamos en la misma oscuridad que John Adams, Padre de la patria, describía como «crasa ignorancia de la naturaleza de la moneda, el crédito y la circulación».

EL DINERO

El dinero es un título, determinado cuantitativamente, intercambiable a voluntad por cualquier clase de artículos ofrecidos en el mercado. En esto se diferencia de un billete del tren, que es un título específico sin aplicación general.

El dinero nacional o imperial ha sido siempre afirmación de soberanía. La soberanía lleva en sí el derecho de acuñar moneda o emitir billetes.

Los errores sobre el dinero han sido y siguen siendo intencionales. No se derivan de la naturaleza del dinero, ni de la natural estulticia del público. La tradición cultural relativa al dinero, la cual no debió nunca separarse de la corriente principal de la cultura literaria, puede seguirse desde Demóstenes hasta el Dante; desde Salmansius hasta *El Dinero* de M. Butchard (antología de opiniones de tres centurias); desde la indignación de Antonino Pío, porque unos tratan de aprovecharse de las desgracias de otros (p. ej. naufragio), hasta

> ... il duol che sopra Senna
> induce, falseggiando la moneta.
>
> (Par. XIX, 118-19)

El crédito es producto social. No depende del individuo solo. La confianza que tienes de que yo he de pagarte 100 liras en diez años está fundada en el orden social, el grado de civilización, las probabilidades y posibilidades de los conglomerados humanos.

Decir que el estado no puede hacer o crear algo por «falta de dinero» es tan ridículo como decir que «no puede construir carreteras por falta de kilómetros».

Es la naturaleza, la existencia actual de productos o la posibilidad de producirlos, la que determina en realidad la capacidad del estado. Pero reside sobre todo en la voluntad y en la fuerza física del pueblo. Y la voluntad adquiere concentración en unos pocos.

Como dijo Maquiavelo, «gli uomini vi vono in pochi».

En mi poder está pensar si quiero hacerlo. No entraré en el misterio de la transformación, o tránsito del pensamiento a la movilización de las actividades ajenas.

Como Cavouriano descuidé mucho tiempo los escritos de Mazzini. Los economistas de los últimos treinta años no leían a Mazzini. Su propaganda no se ha basado, por lo tanto, en el siguiente pasaje del último capítulo de *Los Deberes del Hombre:*

«El establecimiento de almacenes o despachos públicos para los cuales, una vez determinado el valor aproximativo de las mercaderías en ellos depositadas, la Asociación emitiría un documento o *bono*, semejante a un billete bancario capaz de circular y de ser descontado, de tal manera que la Asociación quedara en capacidad de continuar su trabajo sin verse obstaculizada por la necesidad de ventas rápidas, etc.»

Habla, además, de un «fondo para la distribución de *crédito*», anticipando así las teorías del escocés C. H. Douglas.

«La distribución de este crédito —sigue diciendo Mazzini— no debe estar a cargo del Gobierno, ni del Banco Central de la Nación, sino, bajo el ojo avizor del Poder Nacional, *a cargo de bancos locales administrados por Consejos Locales electivos*».

Luego se mete en cuestiones de administración que no me conciernen.

Lo que cuenta es la dirección de la voluntad.

El siglo diecinueve: el siglo de la usura. Mazzini escribió: «... la historia del último medio siglo y el nombre de este medio siglo es *Materialismo*».

C'EST TOUJOURS LE BEAU MONDE QUI GOUVERNE

Es decir, la mejor sociedad, o lo que es lo mismo, la sociedad que, entre otras cosas, lee los mejores libros, posee cierta ración de buenos modales y, especialmente, de sinceridad y franqueza, moduladas por el silencio.

El Consejero Tchou me dijo una vez: «Esta gente (chinos y japoneses) debieron ser como hermanos. Leen los mismos libros».

Le beau monde gobierna porque tiene los más rápidos medios de comunicación. No necesita leer hojas de tres o cuatro columnas de material impreso. Se comunica por medio de la frase suelta, de longitud variable, pero oportuna.

Dijo el Conde de Vergennes: «Míster Adams, los periódicos gobiernan al mundo».

Y Adams en su vejez:

«Todo banco de descuento es pura corrupción,
con impuesto al público para ganancia individual privada.
Y si esto lo dijera en mi testamento diría el pueblo americano
que morí loco».

(Canto LXXI)

El sistema democrático fue traicionado. Según Adams, Jefferson, Madison y Washington, descansaba principalmente en dos principios de administración, el local y el geográfico. La base era geográfica en líneas generales, pero también representaba diferentes modos de vida, diferentes intereses, agrarios, pesqueros, etc. Los delegados de las trece colonias formaban, más o menos, una cámara de corporaciones.

Y la nación controlaba el dinero de la nación —en teoría por lo menos, hasta 1863, y en ocasiones también en la práctica. Esta base esencial del sistema republicano de los Estados Unidos es actualmente letra muerta, aunque aún se puede ver impreso en la Constitución norteamericana:

The Congress shall have Power ... to coin Money (and) regulate the Value thereof».

«El Congreso tendrá el Poder ... de acuñar dinero (y) regular su valor».

La sabiduría económica inveterada no está escondida en las facultades universitarias.

El Imperio romano se arruinó por el *dumping* del trigo barato procedente de Egipto, que se vendía a un precio demasiado bajo para ser justo. Y la usura corroe.

Desde el día en que los emperadores T'ang principiaron a emitir billetes (alrededor del 656 a. C.), el uso del oro para la manufactura del dinero dejó de ser necesario, y en la mayoría de los casos vino a ser cuestión de ignorancia cuando no un simple medio de la usura. Aquellos billetes conservaron su forma original desde el año 656 hasta 841-7, y su inscripción es la misma en lo esencial que la que puede verse en los antiguos billetes italianos de diez liras.

Todos esos hechos encajan en el sistema. Podemos escribir o leer explicaciones, o podemos reflexionar y entender por nuestra cuenta, sin desperdiciar energía óptica descifrando páginas impresas.

LOS ICONOCLASTAS

El poder de la putrefacción tiene por meta la confusión de la historia; se propone destruir no sólo una, sino todas las religiones, destruyendo sus símbolos, y conduciendo a las argumentaciones teoréticas.

Las disputas teológicas ocupan el lugar de la contemplación. La discusión destruye la fe, y el interés en la teología, eventualmente pasa de moda: llega un momento en que ni los teólogos se interesan de veras en ella.

El poder de la putrefacción acabaría por destruir toda belleza intrínseca. Se extiende como los bacilos del tifus o la peste bubónica, conducidos por ratas inconscientes de su papel.

Sospechad de cualquiera que destruya una imagen o trate de suprimir una página de la historia.

El latín es sagrado, el trigo es sagrado. ¿Quién destruyó el misterio de la fecundidad, introduciendo el culto de la esterilidad? ¿Quién opuso la Iglesia al Imperio? ¿Quién destruyó la unidad de la Iglesia Católica con ese atolladero doctrinal que sirve a los protestantes como sustituto de la contemplación? ¿Quién ha barrido de la mentalidad europea la conciencia del misterio supremo, para caer en el ateísmo que proclaman los bolcheviques?

¿Quién ha recibido honores por establecer la discusión donde antes estaba la fe?

¿Quién, lo que es más, ataca incesantemente los centros nerviosos, los centros de comunicación entre nación y nación? ¿Cómo es que ustedes conocen sólo una selección casual de los libros escritos por sus contemporáneos extranjeros, pero casi nunca sus obras claves o principales? ¿Quién controla ¿impide el comercio de la percepción, de la intuición, entre un pueblo y otro?

Yo pido, y nunca dejaré de pedir, un mayor grado de comunicación. Ya es demasiado tarde para que ustedes puedan leer el ochenta por ciento de los libros ingleses y norteamericanos que yo les habría sugerido en 1927, a fin de que los tradujeran o los leyeran en el original.

Joyce les es familiar, pero no Wyndham Lewis o E. E. Cummings. Eliot fue conocido de ustedes sin un retraso demasiado grave, pero aún no conocen a Ford Madox Ford, ni a W. H. Hudson. Continúan copiando a la Francia de 1920, pero no conocen a Crevel. Y así sucesivamente. La basura se distribuye en abundancia, en superabundancia.

Nicolás V. consideraba que cada libro traducido del griego equivalía a una conquista. Entre mejor el libro, más grande la conquista.

La conquista de un Wodehouse no tiene tanto valor como la de un Hardy, ni, si se quiere, como la de *The Warden* de Trollope. Conquistar una obra ocasional por un buen escritor significa menos que conquistar una obra maestra del mismo autor o de algún otro de la misma estatura.

EL CRÍTICO

El valor del crítico no se conoce por sus argumentaciones, sino por la calidad de lo que escoge. Confucio nos ha dado la mejor antología del mundo, que ya tiene 2.400 años de duración. Coleccionó también los documentos de una historia que era ya antigua en tiempo de él, como lo eran las *Odas*.

La crítica puede escribirse por una lista de nombres: Confucio, Ovidio y Homero, Villon, Corbiere, Gautier.

No se discute de pintura con un hombre ignorante de Leonardo, Velázquez, Manet o Piero della Francesca. En mis esfuerzos por establecer la distinción entre el primero y el segundo grado de intensidad poética, no me sirve de nada discutir; no cabe condensar una veintena de volúmenes en pocas páginas. He publicado varias antologías. Aún mi selección de poetas franceses del siglo diecinueve contiene observaciones que no sabría declarar con mayor concisión. Pero con unos veinte libros podría poner las bases de una discusión fecunda, al menos, eso creo.

He traducido el *Moscardino* de Pea: única vez en la vida que quise traducir una novela.

La controversia es valiosa en cuanto influye sobre la acción, y el *Libro de Mencio* es el más moderno libro del mundo.

El buhonero nos trae cantidad de cosas en su mochila. *Noticia es todo lo que no sabemos.*

La riqueza viene del cambio, pero el juicio nace de la comparación.

Pensamos porque no sabemos.

Yeats dijo: «No les gusta la poesía; lo que les gusta es otra cosa; pero les gusta creer que les gusta la poesía».

Hay al menos tres clases de personas entre los que practican el arte de escribir: los instintivos, casi inconscientemente; los inventores, y los explotadores.

Los filólogos, los autores de tesis, frecuentemente toman por labor de inventiva el clamor de la explotación. Eliot reconocería, me imagino, una mayor influencia en él mismo de sus profesores de sánscrito, Lanman y Woods, que la superficial de los poetas franceses. Y yo considero las horas pasadas con el Brut de Layamon, o copiando una traducción en prosa de Catulo por W. Mac Daniel; la instrucción de Ibboton en el idioma anglosajón, o la de W. P. Shepard sobre el Dante y los trovadores de Provenza, más importantes para mí que toda influencia contemporánea. Uno que entendía el problema de la claridad de expresión era Ford Madox Ford.

La crítica literaria se atolla en disputas inútiles si no se aceptan las siguientes categorías:

1. lo que los jóvenes escritores que toman en serio lo de escribir, leer con el fin de aprender su profesión, es decir, aprender a conocer una obra maestra y formarse sus propias normas críticas;

2. lo que se lee como narcótico, lo que es lectura fácil para los perezosos, los iletrados y el público diletante;

3. lo que últimamente puede introducirse de un país a otro con el objeto de alimentar la vida intelectual del último. La primera y tercera de estas categorías bien pueden empalmar, pero esto no significa que necesariamente tengan los mismos límites.

PAIDEUMA

Una cultura es un organismo compuesto por lo siguiente:

1. una dirección de la voluntad;
2. una cierta base ética, o un acuerdo general acerca de la relativa importancia de los diversos valores morales, intelectuales y materiales;
3. detalles entendidos por especialistas y miembros de la misma profesión.

Volver a poner a la diosa de mármol sobre su pedestal en terracina vale más que cualquier discusión metafísica.

Y los mosaicos de Santa María in Trastevere recuerdan una sabiduría que ya había perdido la escolástica, un modo de entender negado al Aquinate. Muchas imágenes fueron destruidas por lo que contenían.

Ma dicon, ch'e idolatra, i Fra Minori,
per invidia, che non é los vicina.

En su libro *After Strange Gods* Eliot perdió el hilo de Ariadna, y bien vendría una nueva edición del *Mistero dell'Amor Platónico* (1840) de Gabriel Rossetti.

SOBRE LOS ERRABUNDOS

Es divertido, después de tantos años, darse cuenta de que mi desacuerdo con Eliot es un desacuerdo religioso, en el que cada uno de nosotros acusa al otro de protestantismo. Theopile Gautier y Swinburne son miembros de mi iglesia. Pero lo que Eliot dice sobre Confucio es disparate o casi. El renunció a América desde que se marchó por primera vez, pero si considerara la dinastía de los Adams vería que fue precisamente porque le faltaba la ley confuciana que esa familia perdió el Decreto Celestial.

En cinco generaciones hemos tenido un presidente, otro presidente, un embajador y dos escritores; y actualmente uno o dos funcionarios casi anónimos, del todo fuera de la vida pública— con la nación en manos del enemigo.

ESTILO

Cuando uno es joven discute acerca del estilo, o debería hacerlo. La reforma poética ocurrida entre 1910 y 1920 coincidió con el escrutinio de la palabra, la limpia de la sintaxis. Esto debiera emprenderse además de casi por separado de la cuestión del fondo o contenido: se debiera tratar de definir la imagen, descubrir la verdad, o una parte de la verdad, aun antes de aprender que tal vez no se trata de toda la verdad.

Repito: el arte de la poesía es divisible, en *fanopeya, melopeya* y *logopeya.* Esto quiere decir que la composición verbal se forma de palabras que evocan o definen fenómenos visuales, o de palabras que registran o sugieren fenómenos auditivos (es decir, que registran los varios sonidos convencionales del alfabeto y producen o sugieren una elevación o un descenso del tono que a veces puede registrarse más adecuadamente con anotaciones musicales), y tercero, de un juego o «danza» de palabras entre las correspondientes o concomitantes significaciones, costumbres, usos e implicaciones de las mismas palabras.

En esta última categoría Eliot me supera. Parte de su *logopeya* es incompatible con lo que yo principalmente me propongo.

Los dos hemos colaborado en la crítica literaria, hemos llegado a decisiones y tomado medidas con ciertas enfermedades de la literatura. El problema de la palabra no se puede agotar en el curso de una vida. Comprende, cuando menos, dos partes:

1. la palabra del arte literario que presenta, define, sugiere la imagen visual: la palabra que debe renacer con frescura en cada obra de arte y descender con renovado brillo;
2. la palabra legal o científica que debe, desde el principio, ser definida con la mayor precisión posible y no cambiar de significado.

Por lo que hace a la ética, refiero al lector al *Gran Digesto* de Confucio.

En cuanto a religión, me bastará decir, en el estilo de un amigo literario, «ogni ravennate che si rispetta, viene procreato, o almeno riceve spirito o alito di vita, nel mausoleo de Galla Placidia» (G. B. V.) «todo ravenense que se respeta es engendrado o, por lo menos, recibe el espíritu y el soplo de la vida, en el mausoleo de Gala Placidia».

El Dante quizá haya dicho demasiado en el *Paradiso* y, sin embargo, no lo suficiente. En todo caso, los teólogos que ponen la razón (la lógica) en lugar de la fe son los que comenzaron el resbaladizo proceso que ha terminado produciendo teólogos que para nada se interesan en la teología.

La tradición *reside* en las imágenes de los dioses y acaba por perderse en las definiciones dogmáticas. La historia se conserva en monumentos, y es por eso que los destruyen.

Debe hacerse la distinción entre el fraude, que consiste en ganar intereses con un dinero creado de la nada, y la defraudación que se produce elevando el valor de la unidad monetaria por medio de las manipulaciones de un monopolio, obligando así a los deudores a pagar el doble de lo que deben, en términos de las mercancías o de la propiedad que obtuvieron en la época en que el dinero les fue prestado.

Desde allí se desciende o se regresa a otra antigua forma de fraude: la de obligar a una nación a comprar mercaderías (a menudo inútiles) por el doble de lo que valen.

Yo diría que todo libro valioso contiene una bibliografía declarada o implícita. El *De Vulgari Eloquio* nos refiere a Ricardo de San Víctor, Sordello, Bertrán de Born y Arnaut Daniel. El Dante fue mi Baedeker en Provenza. Aquí debo mencionar *II Giusto Prezzo nel medio Aevo* por el Rev. L. P. Cairoli.

La terminología no es una ciencia, pero toda ciencia progresa definiendo su terminología cada vez con mayor precisión. Con una definición clara y exacta del dinero, con un concepto claro de su naturaleza, se evitarán muchos años de perplejidad o imbecilidad económica. Añádanse definiciones del crédito y de la circulación, y se obtendrá prácticamente una erudición económica que puede registrarse en unas pocas páginas y ser de veras entendida en unos cuantos meses de estudio.

Sin entender la economía es imposible entender la historia. John Adams se sorprendía de que fueran tan pocos los hombres que habían estudiado los sistemas de gobierno. Entre su tiempo y el de Aristóteles, la literatura política es bastante escasa. ¿Y Salmansius? *De Modo Usurarum* parece no haber sido reimpreso desde 1639 ó 40.

El relieve dado a la economía por Shakespeare, Bacon, Hume y Berkley no parece haber sido suficiente para darle un lugar prominente en la conciencia pública anglosajona. Después del archiherético Calvino, según parece, no se volvió a discutir la usura. ¡Una gran lástima! Mientras la madre Iglesia se ocupó del asunto se continuaron construyendo las catedrales. El arte religioso florecía.

KULTURMORPHOLOGIE

Repitiendo: un experto que mira un cuadro (de Memmi, Goya o cualquier otro) debería poder determinar el grado de tolerancia de la usura que existía en la sociedad en que ese cuadro fue pintado.

El arte es un medio de comunicación. Está sujeto a la voluntad del artista, pero la sobrepasa.

«El carácter del hombre se revela en cada pincelada» (y esto no sólo es aplicable a los ideogramas).

LIBROS DE TEXTO

El texto para cualquiera que resuelva estudiar el arte de la métrica, el arte de hacer versos, sigue siendo el *De Vulgari Eloquio,* pero ninguno llegará a ser experto sin conocer a Bion («La Muerte de Adán»), a los trovadores mencionados por el Dante, y el desenvolvimiento técnico habido en Francia durante el siglo diecinueve, incluyendo a una veintena de poetas sin mayor importancia por lo que tienen que comunicar.

Al presente podemos ya entender hasta cierto punto la *fanopeya* china, lo mismo en el original que en buenas traducciones, pero lo que es el arte de sus sones y metros permanecerá como un libro cerrado para Occidente hasta que no aparezca un sinólogo realmente apasionado.

Para aprender lo que es la poesía no se puede prescindir de una docena de autores que no escribieron en la lengua de Petramala.

«Quoniam permultis ac diversis idiomatibus negotium exercitatur humanum...» (D. V. E. I, VI).

Si no se conoce a Homero, Safo, Ovidio, Catulo, Propercio, Dante, Cavalcanti, unas pocas canciones de los trovadores junto con otras tantas de von der Vogelweide o Hans Sachs, Villon y Gautier, no se conoce la poesía europea. Y su conocimiento no será completo si no se sabe algo de métrica anglosajona.

La expresión *anseres naturali* no es de mi pertenencia. (Vide D. V. E. II y IV.)

Quien no esté preparado a formarse en su arte por el estudio comparativo de la cultura hoy accesible —en el espíritu del *De Vulgari Eloquio*— no puede ser tomado en serio. La materia a examinar es más extensa, eso es todo.

Confucio fue antologista —el más grande.

Dante se contentaba con citar los primeros versos de ciertas *canzoni.*

La ventaja de la imprenta nos permite a nosotros facilitar las cosas presentando el poema entero.

En la segunda mitad del siglo pasado el desenvolvimiento técnico y métrico tuvo su centro en Francia. Desde 1917 en adelante fue continuado en lengua inglesa. Mi intención fue que hubiese dos clases de *imaginistas*: helenistas y modernistas. El comercialismo intervino. En la práctica ninguno ha tenido éxito en producir traducciones inglesas del griego que podamos considerar satisfactorias: sólo unos pocos fragmentos han resultado bien. Posiblemente los más bellos libros de poesía en lengua inglesa sean la traducción por Aerthur Golding de las *Metamorfosis* de Ovidio, impresa en 1567, y el *Eneados* de Gavin Douglas, hecho medio siglo antes, en un dialecto escocés que hoy nadie puede leer sin un glosario. Nadie ha sabido traducir en inglés a Catulo, aunque la técnica ha realizado progresos desde Eliot, y E. E. Cummings alcanza una ferocidad realmente catuliana en su intraducible:

DIRGE

flotsam and jetsam
are gentleman poeds
useappeal netsam
our spinters and coeds)

thouroughly bretish
they scout the inhuman
itarian fetish
that man isn't woman

vive the millenni
uni three cheers for labor

give all things to enni
one buggar thy nabor

neck and senektie
are gentleman ppoyds
even whose recta
are covered by lloyds.

En su *tour de force,* L. Zukofsky da una representación fonética de un americano mascando chicle. Debemos distinguir entre las obras maestras de la poesía universal y algunos pocos poemas que son necesarios para tenernos informados de lo que nuestros contemporáneos están haciendo en otras partes.

Hace veinte años (*escrito esto hace veinte años*), Guy Charles Gross y Vlaminck escribieron versos; hace diez años (*escrito esto hace diez años*), Basil Bunting los escribió también. De éstas, y de la novela *Les Pieds dains le Plat* por el ya fenecido René Crevel, puede decirse que valen más que la corriente producción extranjera expuesta en los estantes de las librerías.

EN FAMILLE

Nadie, tal vez, baya construido más largo trecho de vía férrea con nada más que su crédito personal y un capital de 5.000 dólares en efectivo que mi abuelo. El crédito provino de los madereros (y en vista de la oposición de los grandes monopolistas del acero, norteamericanos y extranjeros) cuando él mismo y su hermano imprimieron el papel moneda de la Union Lumbering Co. de Chippewa Falls, cuyos billetes contenían la promesa de «pagar al portador a su solicitud... en mercancía o madera».

No fue sino hasta que mi padre trajo consigo a Rapallo, en 1928, unos viejos recortes de periódicos que descubrí que T.C.P. había estado escribiendo en 1878 y gestionando entre sus colegas Representantes al Congreso las mismas cosas esenciales acerca del dinero y de la economía estatal, que yo estoy escribiendo en la actualidad.

EL CRÉDITO SOCIAL

Es un fenómeno social. El crédito de la nación es propiedad de la nación y no hay razón ninguna por la que la nación deba pagar renta ninguna por su propio crédito.

Dinero es título y medida.

Si consiste en metálico está sujeto a ser aquilatado a fin de que la moneda tenga su calidad específica y su peso correspondiente. El uso de ese tipo de dinero aún está comprendido dentro de la clasificación de trueque. Cuando la gente comienza a entender la función del dinero como título, el deseo de servirse del trueque desaparece. Cuando el Estado entiende sus deberes y sus poderes no entrega su soberanía en manos de intereses privados que son irresponsables o se arrogan responsabilidades no justificadas.

La belleza de los relieves en las monedas antiguas simboliza muy bien la dignidad de la soberanía inherente a la responsabilidad real o imperial. La desaparición del arte numismático coincide con la corrupción de los gobiernos concernientes.

Los Rostchilds financiaron a los ejércitos austriacos contra Venecia y Romagna. Naturalmente. Los Rostchilds financiaron a los ejércitos contra la República de Roma. Naturalmente. Trataron de comprar a Cavour. Naturalmente. Cavour realizó la primera etapa hacia la unidad italiana dejándose explotar conforme al uso de su tiempo, pero rehusó dejarse dominar por los explotadores.

R O M A
O   M
M   O
A M O R

Sobre todo esto, la sustancialidad del alma y la sustancialidad de los dioses.

DICHTEN-CONDENSARE

La palabra alemana *Ditchtung* significa «poesía». El verbo *dichten*, «condensare».

En nuestra vida intelectual —o «lucha», si se quiere— necesitamos hechos que iluminen como relámpagos, y autores que presenten sus asuntos bajo una luz que no vacile.

Las obras de Frobenius contienen ráfagas de luz. De la filología del siglo diecinueve, que todo lo encerraba en compartimentos separados y producía especialistas capaces de escribir monografías o artículos para las enciclopedias sin entender en lo más mínimo su alcance o relación a la totalidad del problema, Frobenius avanzó a la *kulturmorphologie*. Él le dio validez al hecho vivo para el estudio del documento muerto. Empezó *—incipit vita nova sua—* cuando tuvo noticias de que unos constructores de ferrocarril tenían dificultades a causa de una tradición local. Un rey y una muchacha habían entrado al interior de la tierra desde cierto montículo: no se debía nivelar ese lugar sagrado. Los constructores materialistas no hicieron caso y ordenaron seguir adelante —y desenterraron un carro de bronce con las efigies de Dis y Persephone.

Más tarde escribió Frobenius: «Dondequiera que hallamos estos dibujos en las rocas, siempre había agua a los seis metros de la superficie.»

La tradición oral, los ritos no enteramente desaparecidos, y también el aporte efectivo de los descubrimientos arqueológicos, todo ello forma parte de su percepción total. No vio nada ridículo en que un niño quisiera saber si la letra final de la palabra Katz representaba la cola del gato, y la primera su cabeza. Pero el maestro de escuela que no se interesaba en la inteligencia ni la curiosidad vital del niño lo creyó estúpido.

Para vivir necesitamos hechos, y la oportunidad de compararlos. No queremos el *dumping* de artículos extranjeros, ni de productos materiales, ni de producciones seudoliterarias. Pero ejemplares para servir de comparación nos son indispensables. Para conocer los mejores modelos y mejorarlos. Para conocer las obras maestras y alcanzar la maestría. Conquistas como las de Nicolás V.

Una reforma de las universidades se podría efectuar, a mi parecer, por la infusión de ciertos datos conocidos que pueden condensarse en pocas páginas. Confucio, Mencio, la antología que hizo Confucio de poemas ya antiguos en tiempo de él. Una docena de poetas chinos y una idea general, siquiera, de la naturaleza del ideograma como medio de expresión verbal y visual a la vez. Esto imparte nueva vitalidad.

Un sentido apropiado de los momentos clave de la poesía. No descuidar a Homero. El estudio de la métrica requerirá una escasa media hora de trabajo con Bión, los trovadores, y la poesía francesa desde 1880 a 1910. Cierto esnobismo, que data del Renacimiento, ha sobrevalorado tal vez excesivamente a los griegos, poniéndolos por encima de Ovidio, Propercio y Cátulo.

No debe sobrecargarse al estudiante, sino más bien tratarlo como si se le condujera a una galería de pinturas donde hubiera unos pocos cuadros, pero sólo de los más grandes maestros. Calidad, no cantidad.

Para enseñar historia: una síntesis no inferior a la de Brooks Adams.

Nuestro amigo T. E. Hulme decía con razón: «Todo lo que un hombre ha *pensado* cabe en una cuartilla. Lo demás es sólo aplicación y elaboración.»

Sin gustos fuertes no se ama, es decir, no se existe.

DE MODO USURARUM

Adeudarse es una manera casi segura de hacer carrera en la política. El mandarín Wu Yung cuenta que habiendo sido nombrado Gobernador, los banqueros le presionaron a solicitarles dinero. El se cansaba de repetirles que nunca podría pagarles con lo que ganaba. Pero ese era un detalle insignificante que en absoluto les preocupaba.

La anécdota me recuerda la vida de un portero que conocí en una biblioteca de Venecia y que se ahorcó después de cuarenta años de leal servicio. La nota escrita a mano:

«... rompe i muri e l'armi» y una política de salarios injustamente bajos puede favorecer el juego de los usureros. El énfasis hay que ponerlo en el adverbio «injustamente». Dicha política se origina de una imperfecta comprensión de la naturaleza del dinero y del poder del Estado. Las autoridades encargadas de las cuestiones monetarias pueden satisfacer las necesidades del pueblo y proveer para todas las obras útiles al Estado hasta un límite impuesto por la disponibilidad de materias primas y la capacidad cerebral y muscular de la gente, sin tener que pedir licencia al usurero o recurrir a la alternativa de Cavour.

EL DINERO, UN AVISO

Aún no se entiende suficientemente que todo sistema económico sano, todo proceder económico, depende de la justicia. El dinero es un aviso o notificación de la cantidad que el público debe al portador de la moneda o el billete. «No por la naturaleza, sino por la costumbre, de donde el nombre de *nomisma*.»

Para producir esos discos de metal o trozos de papel, el Estado hace un trabajo y, por tanto, es más justo que los empleados y funcionarios del Estado sean remunerados por el trabajo referido que el mismo Estado cobre impuestos sobre el producto del trabajo de los otros. La tarea moral e intelectual de fijar la medida del precio justo merece su debida recompensa. Tal es la base ética de la idea geselista, aunque Gesell no se la haya planteado así.

No hay por qué un inventor entienda todo lo que implica su invento. Gesell veía su sistema desde el punto de vista del mercader que quiere un rápido, y cada vez más rápido, intercambio de artículos.

«La riqueza es el intercambio.» Rossini, cuando fue ministro de Agricultura de Italia, vio la ventaja que significaría para el Estado: «Entonces el Estado también sacaría algo para sí», exclamó.

Es injusto que el dinero tenga privilegios que no tienen las mercancías.

La teoría monetaria merece estudio porque nos lleva a la contemplación de la justicia.

¿Debería la circulación de capital ser automática? Tenemos que distinguir entre capital y poder de comprar. Con el afán de una terminología clara se podría limitar la palabra «capital» al sentido de «actividad productiva», o las seguridades de dicha actividad, i. e., seguridades que presuponen una base material que a su vez rinda un producto susceptible de ser dividido periódicamente, creando así un interés (un dividendo en forma monetaria) sin causar inflación, esto es, superfluidez de papel moneda en relación con los bienes obtenibles.

UNIVERSIDAD

La Universidad moderna fue fundada en Frankfurt por Leo Frobenius, o al menos esa fue la primera aproximación a la Universidad moderna. Si yo hubiera tenido entonces treinta y cinco años menos, hubiera deseado matricularme en ella. Cuando quiero saber, por ejemplo, si es verdad que ciertas tribus africanas tienen, como lo dice J. S. Mill, un dinero de contabilidad —dinero que, según él, era un concepto de valor y cuyo mismo nombre no quería significar más que esa idea del valor como medio de cambio—, escribo a Frankfurt. En ese caso particular recibí, como contestación, antes de los diez días, una lista de todas las tribus que usaban o que habían usado el «makute». Era ya una medida abstracta, aunque en su origen había sido el nombre de una de las esteras o ruedas de paja que los nativos llevan colgadas por detrás con el objeto de protegerse de humedad, las espigas, etc., cuando se sientan.

Se trataba de un artículo comercial que les servía para calcular los precios de otros artículos, como sal o machetes —hasta que los portugueses comenzaron a acuñar *makutes* de metal, y también a falsificarlos.

Cuando quería saber cómo operaba el primitivo telégrafo de tambores de madera escribí a Frankfurt. Creo que Frobenius marcó la transición entre la etapa de la «filología comparada» y la de la *Kulturmorphologie*, pero en todo caso no se puede entender plenamente el pensamiento moderno si no se tiene alguna idea de la obra de Frobenius. *Gliunomini vivono in pochi.* Los libros que cambian nuestro entendimiento son pocos. Algunos alemanes me dicen que no hacen distinción entre «Der Kundige» y «Der Kenner».

Un extranjero es propenso a adquirir ideas raras sobre las lenguas de otras gentes, pero no estoy seguro de que siempre se equivoque.

El sistema de comunicación es lento y defectuoso. Yo quisiera encontrarme un impresor que, por lo menos una vez al mes, imprima lo que yo quiero ver publicado, *pro bono publico*, y no para su ganancia particular inmediata.

Mientras los libros de veras interesantes estén en manos de sólo cien, cuando no de una docena de individuos, ¿cómo encontrar traductores capaces de traducir y deseosos de hacerlo? Un joven amigo deseaba leer a Galdós, pero no era posible encontrar ejemplares de sus libros. Tuve, al fin, que pedirlos a Londres y sólo me llegaron sus libros secundarios, no sus obras maestras.

Lo que se debe introducir de fuera es poco. En esta clase de comercio sólo cuenta la calidad, no el monto. Necesitamos importar cada año digamos veinte, a lo sumo cincuenta libros, que no sean bulto y basura. La porquería moral puede que sea menos dañina que la intelectual, cuando se trata de la página impresa. La inmundicia moral, puesto en letras de molde, inficiona al lector; la intelectual puede ser tóxica para todo un pueblo. Los medios que una nación escoge (o deja que se escojan) para la distribución de libros y materia impresa son de importancia. En los últimos cien años pocos se han preocupado acerca de ellos. Flaubert publicó su *sottisier*. Pero medio siglo después, la investigación de lo que se publicaba o lo que se vendía en los puestos de libros era considerada una excentricidad por el que esto escribe. Yo mismo hice un análisis en dieciocho números de la *New Age*, pero nadie ha querido reimprimir la serie, cuya publicación fue, por cierto, discontinuada a causa de las protestas de los lectores. Todo el sistema, sin embargo, amenaza desmoronarse, porque nadie ha reparado en los síntomas de su descomposición.

Debemos distinguir entre la construcción intelectual de Europa y lo que no es más que veneno. Tal vez releyendo la *Divina Comedia* podamos encontrar esta disociación de ideas. No sabría decirlo. Gerión es biforme. Os lleva siempre más abajo. Y más allá del canto octavo del *Paradiso*, ¿quién entiende el significado?

Parece que unas pocas personas que se ocupaban de los templos, en Roma por lo menos, bastaban para mantener vivo el culto de los dioses antiguos. La preservación de verdades, el proceso de la historia, el desarrollo y la decadencia de un dogma, son mucho más interesantes de lo que se suele suponer.

Italia ha vivido con más plenitud que otros países porque conserva el hábito de poner estatuas en los jardines. Un bosquecillo pide una columna. *Nemus aram vult.*

BUEN GOBIERNO

Yo creo que el servicio más útil que les pudiera hacer sería ponerles delante, todos los años, algunas líneas de Confucio para que les penetren en el cerebro. Se lee una frase de Confucio y parece nada. Veinte años más tarde vuelve a pensarse en su significado. Treinta tenía yo cuando leí una traducción francesa, luego una inglesa y después gradualmente he sacado provecho de las notas de Fenollosa. No se puede captar todo el sentido sin el análisis de los ideogramas. Legge traduce cierto ideograma por la palabra *beclouding*, pero la idea básica que comunica es la de una densa vegetación que todo lo enmaraña y crece sobre todo, creando una confusión profunda e intrincada, que se traduciría al inglés por «overgrowing». El componente ideogramático de vegetación salvaje con agua fragmentada que significa *pantano*, suele encontrarse a menudo en los diccionarios de ideogramas.

He aquí un ejemplo de diálogo confuciano:

Tze-Lu: El Señor de Wei te espera para que formes gobierno, ¿qué es lo primero que vas a hacer?

Kun: Fijar los nombres (determinar una terminología precisa).

Tze-Lu: ¿Cómo dices? ¡No divagues! ¿Por qué fijar los nombres?

Kung: ¡Vamos, Retoño! ¡Cabeza de ayote! Cuando un sensato no sabe una cosa guarda cierta reserva. Cuando las palabras no son precisas no pueden ser ejecutadas o llevadas a la práctica conforme a las especificaciones.

¿Parece fácil? Entre más responsabilidades se tenga tanto mejor se entenderá lo que eso significa.

Y yo le debo gratitud al Dante por habernos llamado la atención sobre un tratado de Ricardo de San Víctor, *De Contemplatione,* en el que se definen las tres palabras *cogitatio, ineditatio* y *contemplatio.*

Para alcanzar el orden en el estado: la definición de la palabra. Pero si alguna contribución a la crítica se me debe es la de haber introducido el método ideogramático. La verdadera crítica deberá insistir en la acumulación de estos ejemplos concretos, estos hechos, tal vez pequeños, pero resistentes y rebotantes, que no es posible reducir a nada, sino que exige ser tomados en cuenta por el crítico, antes de que éste pueda formarse una opinión.

Tomemos en consideración determinados hechos de la literatura; marquemos las categorías cuando convenga y podamos hacerlo, pero nunca sin conocer antes los hechos mismos (i. e. las obras maestras, tanto las de la máxima intensidad, cuando las superiores en aspectos particulares). Cuando los hechos nos son conocidos podemos discutirlos —pero no la pintura si no tenemos algún conocimiento de Mantegna o Manet, ni la poesía si no podemos establecer comparaciones.

Las canciones italianas incluyen «Ahí ritorna l'etá dell'oro» y los «stornelli» de la Romaña. Las canciones llamadas populares, las buenas, suelen tener esta cualidad: la música permite pronunciar las palabras sin deformarlas. No hay esnobismo que los críticos no estén dispuestos a lamer en las botas de una reputación establecida.

Después de diez años de lucha, Gino Saviotti se vio reducido a manifestar que «hay días en que se siente la necesidad de una tableta de pepermín». (*Difesa della Poesia di Francesco Petrarca,* último capítulo.)

Después de Cavalcanti y Dante los escritores italianos son sólo los que tienen algo preciso que contar. Los estilistas entraron en decadencia desde el momento que prefirieron escribir en latín que en italiano. Y todo aquel que escribía en latín luego imitaba su propio estilo de solución acuosa en la llamada lengua vulgar (cf. *De Vulgari Eloquio*).

Francia empezó a trabarse de la lengua con la *Pléyade*. Volvió a curarse después de Stendhal, que no escribía bien. Gautier, en cambio, no escribía mal, cuando lo hacía en verso.

El pensamiento es orgánico. Tiene necesidad de estos «hechos irreductibles».

La idea no está bien proyectada mientras no puede ser puesta en acción. La idea entra en acción por medio de la palabra. Está completa en el momento que entra en acción. Una idea que no pasa a la acción es una idea truncada. Le falta una pequeña parte esencial. Esto no significa, por supuesto, que ha de entrar en acción media hora después de nacida.

Pensamos porque no conocemos.

EZRA POUND EN ESPOLETO
(Verano de 1965)

A mediodía entré en un palco del teatro Melisso, la encantadora sala renacimiento donde a diario tenían lugar las lecturas de poesía y los conciertos de cámara del Festival de Espoleto, y de repente vi a Ezra Pound por primera vez, sentado, inmóvil como una estatua de un mandarín, en un balcón de los del fondo del teatro, un piso más arriba de la luneta. No lo reconocí al primer momento, no viendo más que a un viejo impresionante, en una pose rara, flaco y peludo, aquilino a los ochenta, la cabeza ladeada curiosamente, perdido en permanente abstracción. Así estuvo sentado durante el concierto de mediodía, no cambiando jamás de pose, los ojos fijos en el vacío.

A las 5 P. M. volví a otro palco del que podía ver de nuevo a Pound en el de enfrente. Después de tres poetas jóvenes que ocuparían el escenario, él leería, según el programa, desde su palco,y ahí estaba sentado con una vieja amiga (que le tenía sus papeles) esperando en la misma posición que a mediodía, como si hubiera estado allí toda la tarde. Inclinó ahora la cabeza, se miró los nudillos de los dedos, moviendo apenas las manos, sin expresión. Aparte de eso siguió inmóvil. Sólo una vez, cuando en el teatro lleno todos estaban aplaudiendo al que ocupaba el escenario, él se animó a aplaudir sin alzar la mirada, mecánicamente, como estimulado por un sonido en el vacío. Pavlov. Casi después de una hora llegó su turno. O después de una vida.

Todos los de la sala se levantaron, se volvieron y miraron hacia atrás, levantando la vista hacia el palco de Pound y aplaudiendo. El aplauso fue largo y Pound trató de levantarse de su butaca. Un micrófono le molestaba. Se agarró de los brazos del asiento con sus manos huesudas y trató de incorporarse. Como no pudo trató de nuevo y tampoco pudo. Su vieja amiga no intentó ayudarle. Al fin, ella le puso un poema en la mano y después de por lo menos un minuto a él le salió la voz. Primero se le movió la quijada y en seguida la voz le salió, imperceptible. Un joven italiano le acercó el micrófono a la boca y se lo tuvo allí, y la voz pudo oírse, débil, pero tenaz, más fuerte de lo que yo esperaba, delgada, suave, monótona. La sala había quedado en silencio de un solo golpe. La voz me derribó, tan suave, tan fina, tan débil, tan tenaz aún. Recliné la cabeza sobre mis brazos en el pasamanos de terciopelo de la baranda del palco. Me sorprendió ver caer una lágrima sobre una de mis rodillas. La imperceptible, indomable voz seguía. ¡Parar en esto! Salí ciego del palco, por la puerta trasera, a la vacía galería del teatro en cuya sala quedaban todos sentados vueltos hacia él, bajé y salí al sol, llorando... En las alturas próximas al pueblo, junto al antiguo acueducto, los nogales estaban todavía en flor. Pájaros silenciosos volaban sobre el valle de abajo; en la lejanía, el sol brillaba en los nogales y las hojas como que giraban en el sol, y giraban y giraban y giraban y seguirían girando. Como su voz, que seguía y seguía entre las hojas.

LAWRENCE FERLINGHETTI

ÍNDICE

Prólogo de Ernesto Cardenal 7
Un pacto 19
Ulteriores instrucciones 20
El regreso 21
Francesca 22
Orto 23
Piccadilly 24
A una niña 25
En una estación del Metro 26
Δώρια 27
La buhardilla 28
Témpora 29
Figura de Danza 30
El alquimista 32
La tumba de Akr Çaar 35
N. Y. 37
Cántico del Sole 38
Papiro 39
La isla en el lago 40
Plegaria por la vida de su dama 41
To Κολὸτ 42
Provincia Deserta 43
El estudio en estética 46
Ritratto 48
En Pagani, el 8 de noviembre 49
Epigrama 50

Lesbia Illa 51
Arides 52
Clara 53
Los temperamentos 54
La tina 55
El orden social 56
Zapatillas negras: Bellotti 57
Gato casero 58
Meditatio 59
Salón de té 60
La capa 61
El encuentro 62
Sociedad 63
Los tres poetas 64
Albatre 65
Causa 66
Ts'ai chi'h 67
Sabiduría antigua, algo cósmica 68
Epitafios 69
Alba 70
Una balada del camino de las moras 71
La esposa del mercader de río: una carta 72
Lamento de la escalera de Gemas 74
Carta del exilado 75
Cantos pisanos: Canto III 79
» XIII 81
» XVII 85
» XXV 89
» XXXII 96
» XLV 100
» LII 102
» LVII 106
» LXXXIV 112
» CXIII 117

Toques 121
«Analecta», de Confucio 134
Varios «no» 160
Tarjeta de visita 167
El Estado 167
Brook Adams 168
Worgl 171
Un principio 172
Cancelación 173
Ahorro 174
El dinero 175
C'est toujours Le Beau Monde qui Gouverne .. 177
Los iconoclastas 179
Comunicaciones 180
El crítico 181
La historia de la Literatura 182
Paideuma 183
Sobre los errabundos 183
Estilo 184
Terminología 186
Kulturmorphologie 187
Libros de texto 187
En famille 190
El crédito social 191
Dichten-Condensare 192
De modo usurarum 194
El dinero, un aviso 195
Universidad 196
Buen gobierno 199
Ezra Pound en Espoleto 202